JN238451

# 昔話で楽しむ劇あそび2

わたなべめぐみ 著

チャイルド本社

## はじめに

　わたしたちが子どものころから親しんできた昔話。でも、もともとは"大人のためのお話"でした。昔話では、貧しくても正直に生きる人や一生懸命働く人が報われ、うそつきやなまけ者が懲らしめられます。それは、文字の読み書きができない人が多かった時代に、お話を楽しみながら、社会のルールや生きていくための知恵を学ぶ「人生の教科書」のような役割を果たしていたからです。もちろん今は、大人も子どももいっしょに楽しめる形に変化しています。それでも、子どもたちには少し難しい展開や、ちょっと残酷かな……と思える場面があるのは、そこに大事な教訓が含まれているからだということを忘れてはいけません。

　この本では、昔話が伝える教訓を生かしながら、子どもたちが演じることを楽しめる脚色を心がけました。ぜひ、子どもたちといっしょに想像を膨らませて、昔話の奥深い世界を楽しんでください。

**わたなべ めぐみ**

# 昔話で楽しむ劇あそび2 もくじ

はじめに …………………………………… 2

劇あそび 準備のステップ ……………… 4

## 第1章
### 日本の昔話で楽しむ 劇あそび脚本

**劇あそびシナリオNo.1**
「ねずみのよめいり」……………………… 6

**劇あそびシナリオNo.2**
「こぶとりじいさん」……………………… 18

**劇あそびシナリオNo.3**
「だいこんとにんじんとごぼう」………… 28

**劇あそびシナリオNo.4**
「だんごどっこいしょ」…………………… 40

**劇あそびシナリオNo.5**
「さるかに」………………………………… 54

## 第2章
### 世界の昔話で楽しむ 劇あそび脚本

**劇あそびシナリオNo.6**
ドイツの昔話（グリム童話）
「金のおのと銀のおの」…………………… 72

**劇あそびシナリオNo.7**
イソップ物語
「町のねずみと田舎のねずみ」…………… 84

**劇あそびシナリオNo.8**
イソップ物語
「ありときりぎりす」……………………… 96

**劇あそびシナリオNo.9**
スロバキアの昔話
「12の月のおくりもの」………………… 108

**劇あそびシナリオNo.10**
千一夜物語（アラビアンナイト）より
「こうのとりになった王さま」…………… 120

## 第3章　劇あそびの基本アイテム作り

**劇の流れがよくわかる！**
巻紙台本作り …… 136

**これさえあれば大丈夫！**
大道具作り ……… 138

**劇あそびを盛り上げる！**
音楽作り ………… 142

**基本をおさえよう！**
舞台作り ………… 137

**イメージ広がる！**
衣装作り ………… 140

## 劇あそび 準備のステップ

発表会当日までの準備の流れをまとめました。事前に一連の流れを把握しておくことも、劇あそびを進めるうえでは重要なポイント。子どもたちといっしょに楽しみながら、安心して準備に取りかかりましょう。

### ～2か月前まで｜お話に親しむ
絵本・昔話・童話の読み聞かせ。素話・ストーリーテリング。

### 2か月前｜作品選び
子どもたちの好きな話から、劇あそび向きの話を選択する。

### 2か月を切ったら…｜脚本・巻紙台本作り
原作をもとに、劇用の脚本を書く。巻紙台本を作り、はり出す。

### 大道具・小道具・衣装作り
製作活動（設計図作り・材料集め・デザイン）。

### 1か月を切ったら…｜配役決め
なりたい役を決める。巻紙台本に名前を記入する。

### 3～4週間前｜舞台構成・演出・舞台作り
大道具の配置を確認する。
大道具の配置・撤去の役割分担。
出演者の動きを確認する。

### 音楽作り
BGM・効果音選び。録音作業（CD・テープ作り）。

### 3週間前｜立ちげいこ・通しげいこ
本番と同じ状態で練習。
配役の最終決定。
巻紙台本をはがす。

### 1週間前｜けいこ仕上げ
確認のための練習期間。
ほかのクラスの練習を見学。

### 本番当日！｜衣装・セット・機材の最終確認
さぁ、始まるよ!!

## 第1章

# 日本の昔話で楽しむ劇あそび脚本

おなじみの日本の昔話5話を、
楽しい劇あそび脚本にしました。

子どもたちのかけ合いが楽しい、
ユニークで取り組みやすい
脚本の数々をご紹介します。

劇あそび シナリオ No.1

## 日本の昔話
# ねずみのよめいり

○ 対象年齢：4・5歳児　　○ 人数：15〜20人

> 大事な娘を"世界一えらい方"のお嫁さんにしたいと考えたねずみの夫婦は、おひさまや雲に頼みに行きますが、みんなに断られてしまいます。実は"世界一えらい"のはねずみだったという結末に、幸せは身近にあることを教えられるお話です。

（イラスト内セリフ）
- おねがいがあります！
- せかいいちはくもさんだ！
- だれかよんだ？

| 登場人物 | |
|---|---|
| ナレーター(すずめ) —— 3　父ねずみ —— 1　母ねずみ —— 1　娘ねずみ —— 3 | |
| 若者ねずみ —— 3　村のねずみ —— 5 | |
| ねず村長(ものしりねずみ) —— 1　太陽・雲・風・壁 —— 各1 | |

※村のねずみは大道具係を兼任します。若者ねずみは出番が少ないので、ほかの役と兼任してもよいでしょう。

**場面設定**　【1幕3場】　ねずみの村 ➡ 太陽・雲・風に会う場面 ➡ 壁に会う場面（ねずみの村）

## セット

### 村の家A・B&山（リバーシブル）　材料／段ボール板

段ボール板の表裏に絵をかき、山側の左右に支柱をつける。支柱にも色を塗る。

家A　山　（支柱をつける）
家B　山　（支柱をつける）

## 壁　材料／段ボール板、和紙

段ボール板に土蔵の絵をかいて切り抜き、全体に和紙をはる。壁役の子どもが顔を出す穴を開ける。若者ねずみが飛び出す穴は、段ボール板を切り抜いて表から和紙でふさいでおく。

### ワンポイント

若者ねずみは、和紙をやぶって飛び出します。和紙にはあらかじめ中央にスリットを入れておきます。

## 衣装

### ねずみ

浴衣または甚平と帽子をベースに、役によってアレンジを加える。

❖ **浴衣または甚平**

❖ **帽子（全ねずみ共通）**　材料／布（伸縮性のあるもの）、フェルト、綿

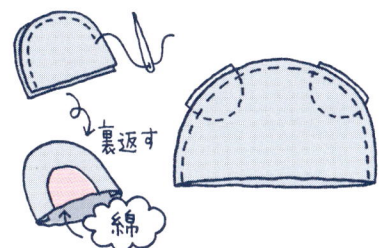

①布を切る。 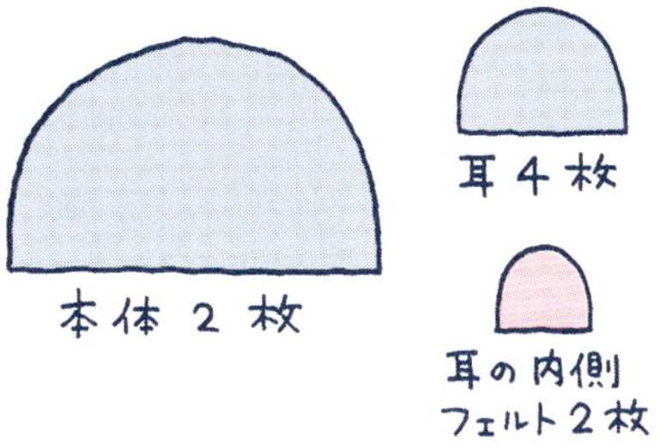
②耳を作り、本体にはさみ込んで縫う。
③裏返したら完成。

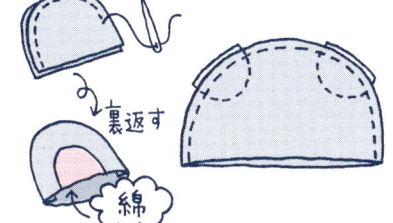

### 女ねずみ（母&娘ねずみ）

浴衣+帽子

＊母ねずみは、少し地味な浴衣を用意します。なければ、帯を地味な色にするなどの工夫を！

## 男ねずみ（父ねずみ・若者ねずみ・ねず村長）

浴衣または甚平+帽子（ねず村長はベストを着る・作り方は141ページ参照）

父・若者ねずみ

ねず村長
ベスト

> **ワンポイント**
> 浴衣がない場合は、全員基本のスモック（作り方は141ページ参照）でOK。その場合は、役によって色を変えましょう。

## 太陽・雲・風

基本のスモック（作り方は141ページ参照）とお面（作り方は140ページ参照）を作り、アレンジを加える。

### ❖お面（太陽・雲・風共通）　材料／厚紙、画用紙、輪ゴム2本

①厚紙と輪ゴムで帯を作る。お面本体がはりやすいように、帯に三角の支えをはりつけるのがポイント。

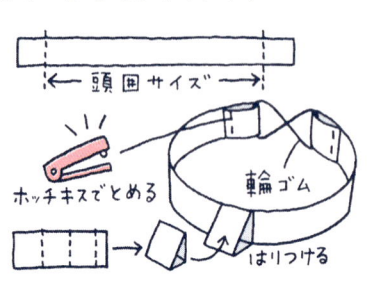

←頭囲サイズ→
ホッチキスでとめる
輪ゴム
はりつける

②お面本体を画用紙で作り、裏から厚紙で補強する。帯にはりつけたら完成。

太陽　風　雲

この面にはりつける

### 太陽

❖**衣装**　材料／布（不織布でも可）、綿ロープ（ひも）、不織布

リボン状に切った不織布を、上部だけ縫いつけてヒラヒラさせる。

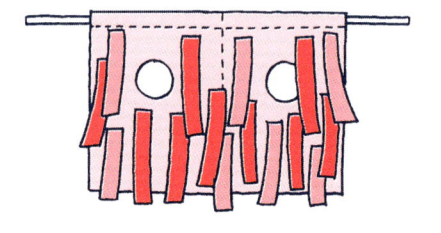

### 雲

❖**衣装**　材料／布（不織布でも可）、綿ロープ（ひも）、フェルト、綿

フェルト2枚の間に綿をはさんで縫い、立体的な雲をいくつか作って縫いつける。少しはみ出してつけると動きが出る。

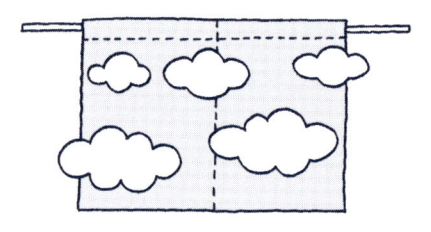

### 風

❖**衣装**　材料／布（不織布でも可）、綿ロープ（ひも）、スズランテープ

スズランテープをさいてフリンジを作り、全面にはりつける。青・水色・白をミックスすると動きが出る。

## 壁

基本のスモック（作り方は141ページ参照）と帽子（作り方は140ページ参照）を作り、アレンジを加える。

❖ **衣装**　材料／布（不織布でも可・白・黒）、綿ロープ（ひも）

❖ **帽子**　材料／布（伸縮性のあるもの・黒）

黒い布をスモック本体に縫い合わせてから、袖穴を切り取る。

＊壁役はセットの後ろから顔を出す役ですが、エンディング用に衣装を用意します。

## すずめ

基本のスモック（作り方は141ページ参照）と帽子（作り方は140ページ参照）を作り、アレンジを加える。

❖ **衣装**　材料／布（不織布でも可・茶・黒）、綿ロープ（ひも）

❖ **帽子**　材料／布（伸縮性のあるもの）、フェルト、綿、動眼2個

茶色の布で基本のスモックを作り、茶色と黒のフリンジをはりつける。フリンジは裏地布やニット、フリースなどの異素材を使うとおもしろい。

くちばしはフェルトを三角形に切り、周りをかがって裏返し、綿を詰めて帽子に縫いつける。動眼2個をはりつける。

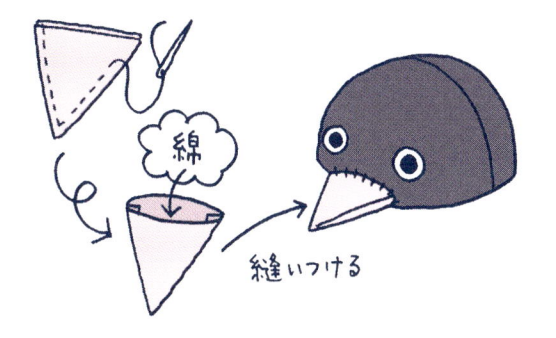

縫いつける

第1章　日本の昔話で楽しむ 劇あそび脚本

1 ねずみのよめいり

# 日本の昔話 ねずみのよめいり シナリオ

| 言葉・動きの中心となる役 | 劇の進め方・舞台の配置・動き・せりふなど |
|---|---|
| | [舞台上：ねずみの村] |
| | 家のセット裏にねずみ全員待機。<br>ナレーター（すずめ）登場。…❶ |
| ナレーター(すずめ)❶ | 「ねずみの村に３つ子の赤ちゃんが生まれました」 |
| ナレーター❷ | 「赤ちゃんねずみはすくすく育って」 |
| ナレーター❸ | 「それはそれは美しい娘ねずみになりました」 |
| ナレーター❶ | 「それは、よかった」 |
| ナレーター❷ | 「それが、よくないんだよ」 |
| ナレーター❸ | 「どうして？」 |
| ナレーター❷ | 「誰に嫁入りさせるか、悩んでいるんだって」 |
| ナレーター❶&❸ | 「へぇー」 |
| | 家Bのセット裏から、父＆母ねずみが<br>登場。ナレーター退場。…❷ |
| 父ねずみ | 「うちの大事な大事な娘は、世界一えらい方のお嫁さんにしてもらうんだ」 |
| 母ねずみ | 「でも、お父さん。世界一えらい方って、どなたですか？」 |
| 父ねずみ | 「それがわからないから、困っているんだ」 |
| 母ねずみ | 「わからなければ、頼みに行けませんよ」 |
| 父ねずみ | 「うーん、どうすればいいのかな」 |
| | そこに、ねず村長・若者ねずみ・村のねずみが<br>家Aのセット裏から登場。…❸ |
| ねず村長 | 「なにか、困っているようじゃな」 |
| 母ねずみ | 「これはこれは、村長さん」 |

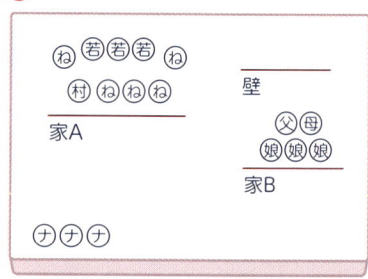

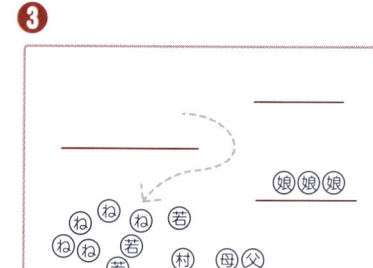

❶

壁のセットは、動かすのが大変な場合は、初めは裏向きで置いておき、動かさない。

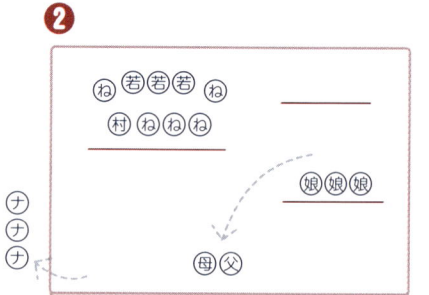

❷

❸

第1章　日本の昔話で楽しむ 劇あそび脚本

**1 ねずみのよめいり**

| | |
|---|---|
| 父ねずみ | 「実は、世界一えらい方は誰かわからなくて、困っているんですよ」 |
| 母ねずみ | 「村一番のものしりの村長さんなら、ご存知ですよね？」 |
| ねず村長 | 「もちろん知っているとも。世界一えらいのはおひさまじゃ」 |
| ねずみ全員 | 「おひさま！」 |
| ねず村長 | 「そうじゃ。なにしろおひさまは、たったひとりで広い世界を照らしているのじゃからな」 |
| ねずみ全員 | 「なるほど」（大きくうなずく） |
| 父ねずみ | 「そうとわかったら、ぐずぐずしてはいられない」 |
| 母ねずみ | 「すぐに、お願いに行きましょう」 |
| 村のねずみ1 | 「行くって、どこに？」 |
| 父ねずみ | 「もちろん、おひさまのところです」 |
| 母ねずみ | 「世界一えらい方に、娘をお嫁さんにしてもらうのです」 |
| 村のねずみ2 | 「それはまた、大変なことだなぁ」 |

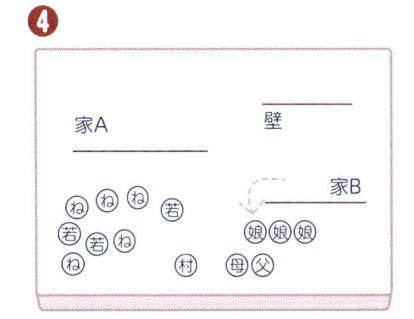

　　　　父＆母ねずみ、家に向かって娘たちを呼ぶ。

| | |
|---|---|
| 父＆母ねずみ | 「おーい、娘たち〜」 |
| 娘ねずみ全員 | 「はーい」 |

　　　　家Bのセット裏から娘ねずみ登場。…❹

| | |
|---|---|
| 父ねずみ | 「では、行ってきます」 |
| ねず村長 | 「気をつけて行くんじゃよ」 |

ねず村長と村のねずみは、セットを裏返してから下手に退場する。

　　　　ねずみ親子、上手に退場。ねず村長＆村のねずみ、手を振って見送る。
　　　　ナレーター登場。ナレーションの間に

**セット変換：ねずみの村→太陽・雲・風に会う場面（山）** …❺

| | |
|---|---|
| ナレーター1 | 「世界一えらい方は、おひさまだったんだね」 |
| ナレーター2 | 「でも、お嫁さんにしてくれるかなぁ？」 |
| ナレーター3 | 「はてさて、どうなることやら」 |

　　　　　　　　　　ナレーター退場。入れ替わりにねずみ親子登場。…❻

### ［舞台上：太陽・雲・風に会う場面］

|父ねずみ|「この山のてっぺんなら、おひさまに声が届くはずだ」|
|母ねずみ|「そうですね、お父さん」|
|父＆母ねずみ|「おひさまー、おひさまー」|

　　　　　　　　　山のセット裏から、太陽が登場。…❼

|太陽|「わたしになんの用だ？」|
|父ねずみ|「おひさま、あなたにお願いがあります」|

　　　　　　　　父＆母ねずみ、舞台前方で歌う。
　　　　　　　　娘たちは恥ずかしそうに見る。

父＆母ねずみ 歌♪
「ねずみのお願いうた」
（１番）

『おひさま　おひさま　あなたこそ
せかいで　いちばん　えらいかた
どうか　わたしの　だいじなむすめ
およめさんに　してください
よろしく　おねがい　いたしまチュウ』

太陽 歌♪
「おひさま・くも・かぜ・
　かべ返事うた」
（１番）

『ねずみ　ねずみ　ざんねんながら
せかいいちは　わたし　じゃない
もくもく　くもが　あらわれりゃ
あっというまに　かくされる
せかいいちは　くもさんだ』

　　　　　　　そこに上手（かみて）から雲登場。太陽の前に立ちふさがる。…❽

|雲|「誰か、呼んだ？」|
|太陽|「ほらね、このとおり」|

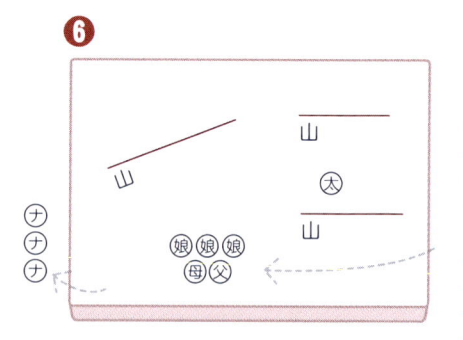

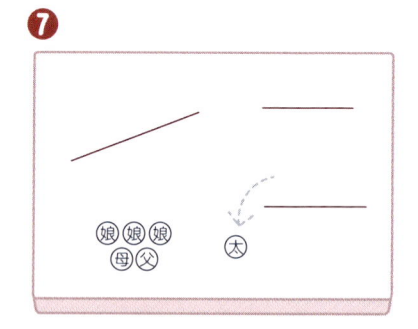

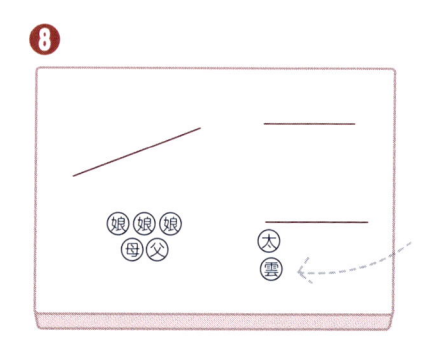

太陽、静かに退場。ねずみ親子、顔を見合わせて、…❾

| 母ねずみ | 「おひさまの言うとおり」 |
| 父ねずみ | 「世界一えらいのは雲さんだ」 |

父&母ねずみ 歌♪
「ねずみのお願いうた」
（2番）

『くもさん　くもさん　あなたこそ
せかいで　いちばん　えらいかた
どうか　わたしの　だいじなむすめ
およめさんに　してください
よろしく　おねがい　いたしまチュウ』

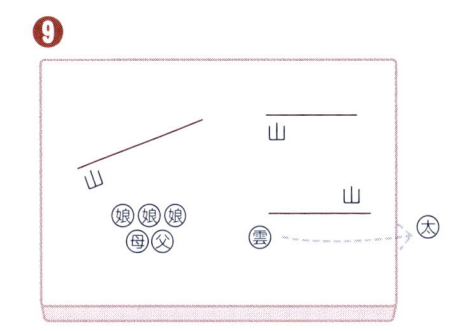

雲 歌♪
「おひさま・くも・かぜ・
かべ返事うた」
（2番）

『ねずみ　ねずみ　ざんねんながら
せかいいちは　わたし　じゃない
びゅーびゅー　かぜが　ふいてくりゃ
あっというまに　とばされる
せかいいちは　かぜさんだ』

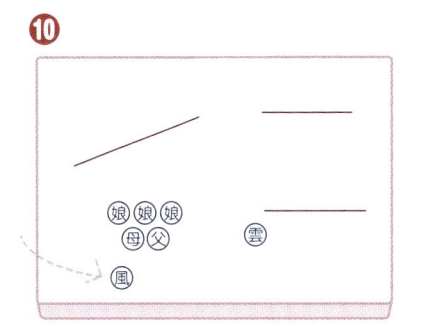

そこに下手より、風登場。ねずみ親子、飛ばされそうになって、床に座り込む。…❿

風　「誰か、呼んだ？」

風、舞台上を1周する。雲、飛ばされながら……

雲　「ほらね、このとおり〜」

雲、そのまま上手に退場。ねずみ親子、顔を見合わせて、…⓫

| 母ねずみ | 「雲さんの言うとおり」 |
| 父ねずみ | 「世界一えらいのは風さんだ」 |

父&母ねずみ 歌♪
「ねずみのお願いうた」
（3番）

『かぜさん　かぜさん　あなたこそ
せかいで　いちばん　えらいかた
どうか　わたしの　だいじなむすめ

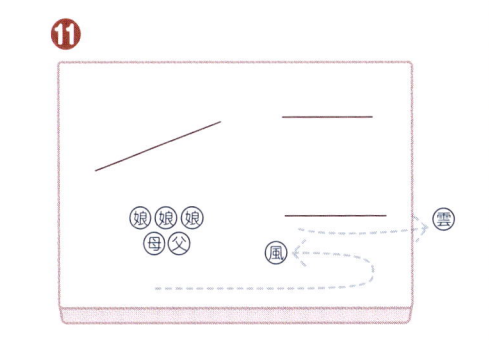

　　　　　　　およめさんに　してください
　　　　　　　よろしく　おねがい　いたしまチュウ』

風 歌♪　　　『ねずみ　ねずみ　ざんねんながら
「おひさま・くも・かぜ・　せかいいちは　わたし　じゃない
かべ返事うた」　どんなに　びゅーびゅー　ふいたって
（3番）　　　かたい　かべには　かなわない
　　　　　　　せかいいちは　かべさんだ』

**セット変換：太陽・雲・風に会う場面（山）→ねずみの村**

　　　　　壁を舞台中央に移動させ、壁役が登場。ねずみはセット裏に待機。

### [舞台上：壁に会う場面（ねずみの村）]

壁　　　「誰か、呼んだ？」

　　　　　風、壁に向かって行くが、はね返されてしまう。…❷

風　　　「ほらね、このとおり」

　　　　　風、よろよろと上手(かみて)に退場。

母ねずみ　「風さんの言うとおり」
父ねずみ　「世界一えらいのは壁さんだ」

父&母ねずみ 歌♪　『かべさん　かべさん　あなたこそ
「ねずみのお願いうた」　せかいで　いちばん　えらいかた
（4番）　　　どうか　わたしの　だいじなむすめ
　　　　　　　およめさんに　してください
　　　　　　　よろしく　おねがい　いたしまチュウ』

壁 歌♪　　　『ねずみ　ねずみ　ざんねんながら
「おひさま・くも・かぜ・　せかいいちは　わたし　じゃない

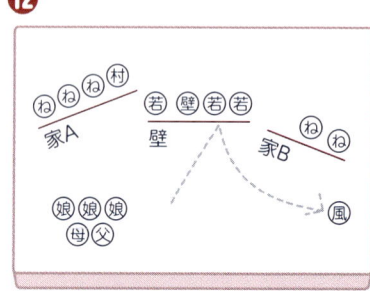

❷ 山のセットはねずみ役が回転させる。
壁は、壁役と若者ねずみが移動させる。

| | | |
|---|---|---|
| かべ返事うた」<br>（4番） | どんなに　わたしが　かたくても<br>ねずみさんなら　ひとかじり<br>せかいいちは　ねずみさん』 | ⓫ |

　　　　　そのとき、壁に穴を開けて、
　　　　　若者ねずみが現れる。…⓭

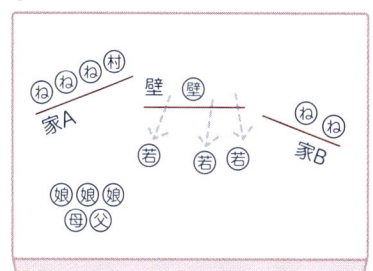

| | |
|---|---|
| 若者ねずみ全員 | 「こんにちは」 |
| 壁 | 「ほらね、あっという間に穴だらけだよ」 |
| 母ねずみ | 「あらまあ、びっくり」 |
| 父ねずみ | 「世界一えらいのは、わたしたちねずみ<br>だったとは……」 |

　　　　　セット裏から、ねずみ全員登場。…⓮

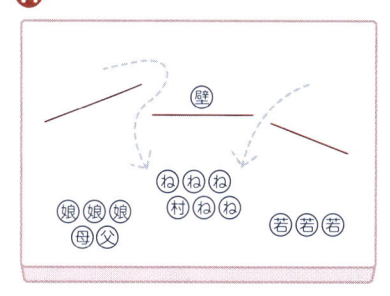

| | |
|---|---|
| ねずみ全員 | 「チュウとも、知らなかったよ」 |

　　　　　ナレーター定位置。太陽・雲・風・壁も登場。…⓯

| | |
|---|---|
| ナレーター❶ | 「と、いうわけで」 |
| ナレーター❷ | 「ねずみ３人娘は」 |
| ナレーター❸ | 「世界一えらい、ねずみの若者と結婚して」 |
| ナレーター全員 | 「幸せに暮らしましたとさ」 |
| ナレーター❶ | 「でも、本当に、ねずみが世界一えらいの？」 |
| ナレーター❷&❸ | 「さあ、どうでしょう（笑）」 |
| 全員 歌♪<br>「嫁入り祝いうた」 | 『ねずみの　むすめの　よめいりだ<br>はなむこ　せかいいち　えらいかた<br>めでたし　めでたし　ばんばんざい<br>いついつまでも　しあわせに<br>とっぴん　ぱらりの　チュウチュウチュウ』 |

　　　　　　　　　　　　　－幕－

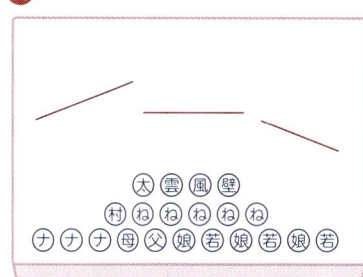

全員が整列するとき、セットが
邪魔になる場合は、さりげなく
後ろに移動させる。

## ねずみのお願いうた　作詞・作曲　わたなべ めぐみ

1. おひさまおひさま あなたこそ せかいでいちばんえらいかた どうかわたしのだいじなむすめ およめさんにしてください よろしくおねがいいたしまチュウ
2. くもさんくもさん あなたこそ せかいでいちばんえらいかた どうかわたしのだいじなむすめ およめさんにしてください よろしくおねがいいたしまチュウ
3. かぜさんかぜさん あなたこそ せかいでいちばんえらいかた どうかわたしのだいじなむすめ およめさんにしてください よろしくおねがいいたしまチュウ
4. かべさんかべさん あなたこそ せかいでいちばんえらいかた どうかわたしのだいじなむすめ およめさんにしてください よろしくおねがいいたしまチュウ

## おひさま・くも・かぜ・かべ 返事うた　作詞・作曲　わたなべ めぐみ

1.~4. ねずみねずみ ざんねんながら せかいいちはわたしじゃない
- もくもくくもが あらわれりゃ あっというまにかくされる せかいいちはくもさんだ
- びゅーびゅーかぜが ふいてくりゃ あっというまにとばされる せかいいちはかぜさんだ
- どんなにびゅーびゅー いたって あっというまにかべにはかなわない せかいいちはかべさんだ
- どんなにわたしが かたくても ねずみさんならひとかじり せかいいちはねずみさんだ

# 嫁入り祝いうた

作詞・作曲 わたなべ めぐみ

ねずみのむすめの よめいりだ は なむこせかいいち え らいかた め でたしめでたし

ば んばんざい いつ いつまでも し あわせに とっ び んばら りの チュウチュウチュウ

第1章 日本の昔話で楽しむ 劇あそび脚本

① ねずみのよめいり

劇あそびシナリオ No.2

日本の昔話
# こぶとりじいさん

○ 対象年齢：4・5歳児　　○ 人数：15～20人

> 踊り上手のおじいさんが、邪魔なこぶをおにに取ってもらうお話です。教訓的な後半は省略して、前半の楽しい歌とユーモラスな踊りを中心に、にぎやかに演じましょう。

| 登場人物 | おじいさん —— 1　きつね —— 2　たぬき —— 2　ふくろう —— 2<br>おに —— 10<br>※ナレーターは動物役が交代で担当します。<br>※人数が多い場合はおに役で調節しましょう。おには悪役のイメージが強いため、子どもたちには人気がないかもしれませんが、この話では重要な役柄です。演じたくなるような演出や衣装を工夫しましょう。 |
|---|---|
| 場面設定 | 【1幕2場】　森のなか ➡ 山のお堂 |

## セット

### 木＆お堂（リバーシブル）

**材料／段ボール板**

段ボール板の表裏に絵をかき、お堂側の左右に支柱をつける。支柱にも絵をかくと立体的な感じになる。扉は開くように切り込みを入れておく。

＊夜の場面なので、木はシルエットのイメージで作りましょう。

第1章 日本の昔話で楽しむ 劇あそび脚本

## 木（×2）

**材料／段ボール板**

段ボール板に絵をかき、裏側に支柱をつける。木は動かさないので、支柱だけで安定しなければ、床にクラフトテープなどではりつけて固定する。支柱を横につけておくと、床にとめやすい。

## 小道具

### おの  材料／段ボール板、ボール紙、色画用紙（黒・こげ茶）、銀紙

① ボール紙を丸めて筒を作り、こげ茶色の色画用紙をはり、切り込みを入れる。ラップなどの芯を使ってもよい。

② 段ボール板をおのの形に切って黒い色画用紙と銀紙をはる。

③ 筒の切り込みに②の刃を差し込み、固定する。

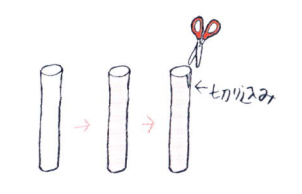

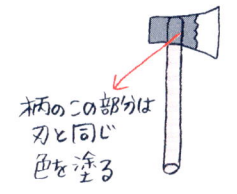

### 金棒  材料／段ボール板、ひも

① 段ボール板を金棒の形に切り、段ボール板を三角に切ったとげとげをつける。なん枚か重ねて厚みをつけるとよい。

② 色を塗って、飾りひもをつける。

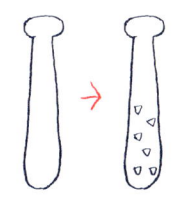

## 踊りのシーンの **盛り上げグッズ**  材料／段ボール箱、包装紙、ペットボトル、ビーズや豆など

おにの踊りのシーンのBGMには、太鼓を打つと盛り上がる。できれば本物の和太鼓（平太鼓）を使いたいが、なければおもちゃの太鼓や空き箱の底をたたいたり、マラカスを鳴らしても楽しい。

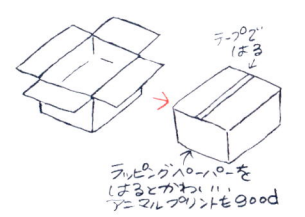

> **ワンポイント**
> 怖いおにではなく、ユーモラスで楽しいおにになるよう、小道具や衣装で工夫してみよう！

## 衣装

### おじいさん

❖ **着物風スモック**  材料／布（不織布でも可）

① 布を切る。サイズは、子どものおしりが隠れるくらいにし、幅はゆったりサイズにすると着脱しやすい。

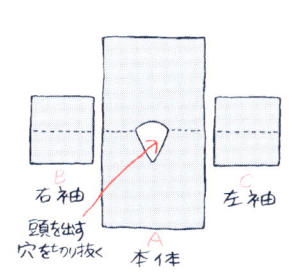

2 こぶとりじいさん

②AにBとCを縫いつけ、前身ごろと後ろ身ごろで半分に折る。

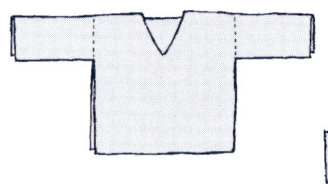

③②の脇を縫い合わせる。えりに飾り布をつける。

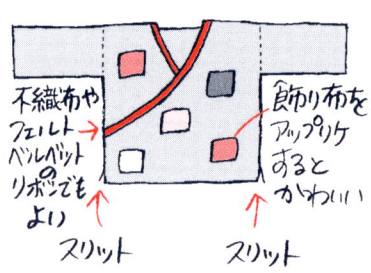

＊着脱しづらいときは、後ろにスリットを入れ、開かないようにリボンをつけて結びます。

## ズボン

材料／布（不織布でも可）、平ゴム

作り方は141ページを参照。

不織布やフェルトベルベットリボンでもよい
飾り布をアップリケするとかわいい
スリット　スリット

## こぶ付きずきん

材料／布（伸縮性のあるもの）、面ファスナー、綿、厚紙、輪ゴム2本

①布をずきん型に切って縫い合わせ、裏返す。

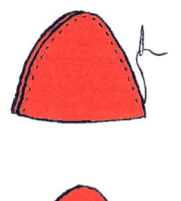

②厚紙と輪ゴムで帯を作り、①をはさみ込む。

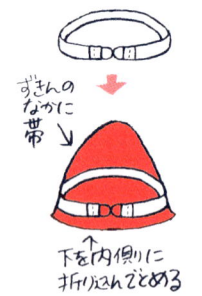

③面ファスナー（凹面）を縫いつける。

④本体と同じ生地の色違い（薄橙）でこぶを作り、面ファスナー（凸面）を縫いつける。こぶは、布を丸く切って周りを並縫いし、綿を詰めながら口を絞って縫いとじる。

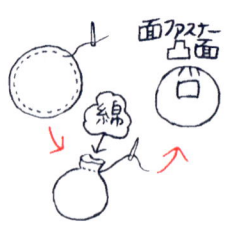

⑤③に④をつければ完成。

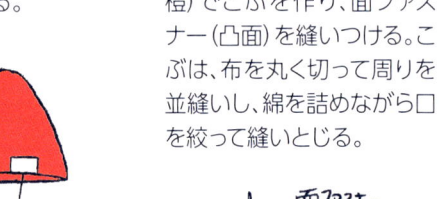

ずきんのなかに帯
下を内側に折りこんでとめる
面ファスナー凹面
面ファスナー凸面
綿

## きつね・たぬき

基本のスモック（作り方は141ページ参照・きつねは黄色・たぬきは茶色）と帽子（作り方は140ページ参照）を作り、それぞれに合わせたしっぽと耳をつける。

❖**衣装**　材料／布（不織布でも可）、綿ロープ（ひも）

ひもの色で個性を出そう

❖**帽子**　材料／布（伸縮性のあるもの）、フェルト、綿

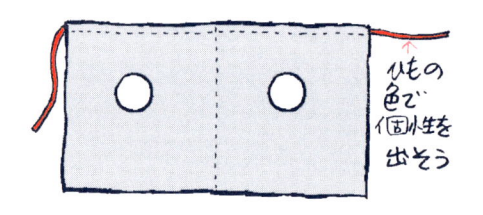

しっぽ
布を細いだ円形に切り、綿をはさんで周りをかがり、スモックに縫いつける。

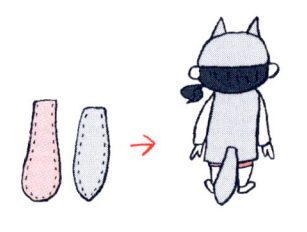

## ふくろう　基本のスモック（作り方は141ページ参照）と帽子（作り方は140ページ参照）を作り、アレンジを加える。

### ❖衣装　材料／布（不織布でも可）、綿ロープ（ひも）

基本のスモックを作り、フリンジをはりつける。フリンジは裏地布やニット、フリースなどの異素材を使うとおもしろい。

### ❖帽子　材料／布（伸縮性のあるもの）、フェルト、綿、動眼2個

①布を切り、縫い合わせて裏返す。

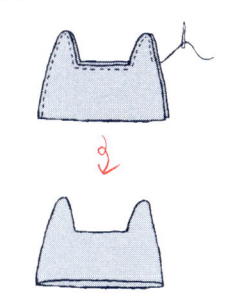

②フェルトを三角形に切り、周りをかがって裏返し、綿を詰めて帽子に縫いつける。動眼2個をはりつける。

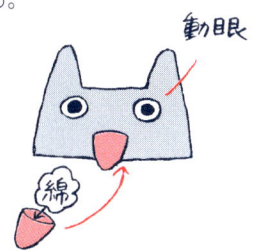

## おに　衣装は子どもが好きなデザインを選ぶようにする。

### ❖Ⓐベスト　材料／布（不織布でも可）

作り方は141ページを参照。

**ワンポイント**
衣装Ⓐ・Ⓑともに、とら柄や花柄、水玉柄、しましま柄など、模様をつけるとかわいい！　すそをフリンジにするのもおすすめです。

### ❖Ⓑワンショルダーワンピース　材料／布（不織布でも可）

①布を切る。

②肩と脇を縫い合わせ、裏返す。模様をつけるとかわいい。

＊着脱しづらいときは、片側の脇を縫い合わさず、リボンか面ファスナーどめにします。

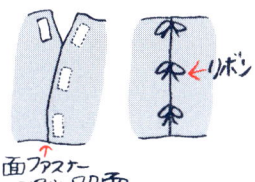

### ❖Ⓒ帽子　材料／布（伸縮性のあるもの）、フェルト、綿、毛糸

作り方は140ページを参照。フェルトで角を作って本体にはさみ込んで縫い、毛糸を束にしてすき間なく縫いつけていく。毛糸でポンポンを作って縫いつけてもかわいい。

### ❖Ⓓお面　材料／厚紙、段ボール板、輪ゴム2本、毛糸

作り方は140ページを参照。段ボール板で角を作り、帯の内側にはりつける。毛糸の束またはポンポンを作ってはりつけたら完成。

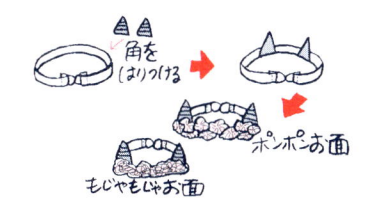

〈着用例〉
組み合わせの色や柄を変えると、バリエーションが豊富になります！

＊帽子本体の色は、毛糸と同色系にすると、毛糸のすき間が目立ちません。毛糸もなん色か混ぜると立体感が出ます。

# 日本の昔話 こぶとりじいさん シナリオ

| 言葉・動きの中心となる役 | 劇の進め方・舞台の配置・動き・せりふなど |
|---|---|
| | **[舞台上：森のなか]** |
| | おじいさんが木を切っている。ナレーターの動物たち、定位置に登場。…❶ |
| たぬき❶ | 「ねえねえ、あのおじいさんのおでこに、なにかついてるよ」 |
| きつね❶ | 「こぶ、だね」 |
| たぬき❷ | 「なにかにぶつかったのかな？」 |
| たぬき❶ | 「痛くないのかなぁ？」 |
| きつね❷ | 「おじいさんに聞いてみよう」 |
| | ナレーターの動物たち、おじいさんに近づく。…❷ |
| 動物全員 | 「おじいさん、こんにちは」 |
| おじいさん | 「はいはい、こんにちは」 |
| たぬき❶ | 「おじいさん、おでこのこぶは大丈夫？」 |
| たぬき❷ | 「痛くないの？」 |
| おじいさん | 「痛くはないよ。小さいころからあるんじゃ」 |
| きつね❶ | 「取れないの？」 |
| おじいさん | 「引っ張ってもダメだった」 |
| 動物全員 | 「そうかぁ……残念」 |
| おじいさん | 「仕方がないさ。だから……」 |
| 動物全員 | 「だから？」 |
| おじいさん | 「このなかには、いいものが入っていると思うことにしたんじゃ」 |
| 動物全員 | 「いいものってなあに？」 |
| おじいさん | 「幸せじゃよ」 |
| たぬき❶ | 「幸せかぁ」 |
| きつね❷ | 「いい考えだねぇ」 |
| おじいさん | 「じゃろう。そう思うと楽しくなってくるんじゃよ」 |

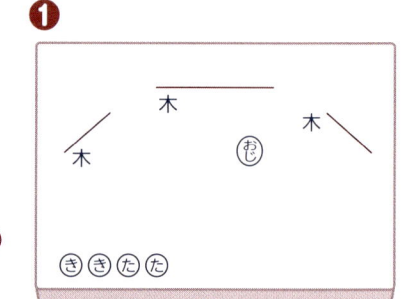

❶

左右の木は最後まで動かさないので、邪魔にならない位置に固定する。

❷

　　　　　　　おじいさん、踊り出す。…❸ 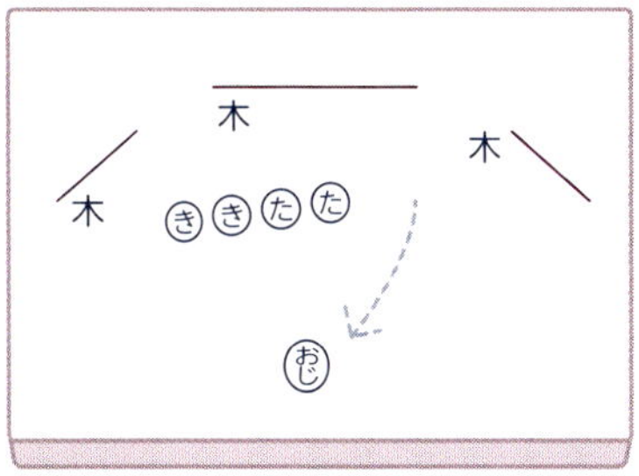
　　　　　　　動物たちがあとに続く。…❹

全員 歌♪　『ひょこたん　ひょこたん　ひょこたんたん
「こぶとりじいさん　　ひたいに　ついた　たんこぶは
　のテーマ」　　　　しあわせ　はこぶ　たからこぶ
　（1番）　　　　　　おどれば　しあわせ　やってくる
　　　　　　　ささら　ほうさら　ほーいほい』
　　　　　　　（2回繰り返し）

　　　　　　　踊っている間に、おにが

　　　　　　　**セット変換：森のなか→山のお堂**

　　　　　　　[舞台上：山のお堂]

　　　　　　　おじいさん＆動物たち、お堂の前で止まる。…❺

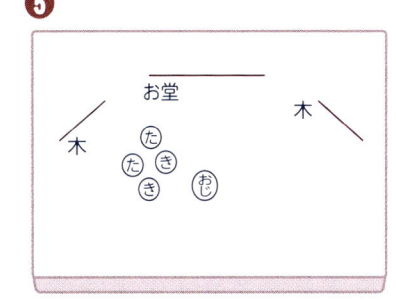

おじいさん　「おやおや、ここはどこだ？」
きつね❷　　「ここは山の神さまのお堂だよ」
たぬき❷　　「ずいぶん山奥に来ちゃったんだね」
きつね❶　　「もうすぐ、暗くなるよ」
たぬき❶　　「困ったなぁ」
おじいさん　「困ることはないさ。今夜はここに泊めてもらおう」

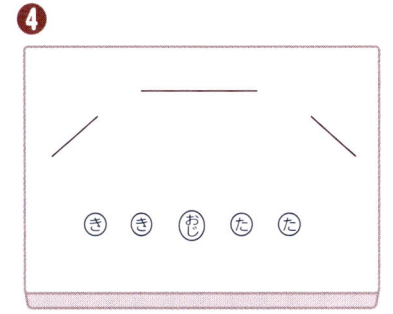

　　　　　　　おじいさん、お堂におじぎをすると、なかに入っていく。動物たちもあとに続く。
　　　　　　　ふくろう、ナレーター定位置に登場。…❻

ふくろう❶　「踊り好きの楽しいおじいさんだねぇ」
ふくろう❷　「でも、大丈夫かなぁ……」
ふくろう❶　「なにが？」
ふくろう❷　「ここは夜になると、あれがやって来るんだ」
ふくろう❶　「あれって？」

太鼓のBGMが聞こえてくる。初めは小さく、だんだん大きな音になる。

ふくろう❷　　「ほーら、来た」

ふくろう❷、ふくろう❶を引っ張って下手（しもて）に退場。
入れ替わりにおにが登場。舞台中央に並んで踊り出す。…❼

おに全員 歌♪　『くるみは　はっぱあ　ぱあくずく
「おにのおどり」　　おさなぎ　やっつの　おっかっかあ
　　　　　　　　　ちゃあるるるう　すってんがあ』

BGM♪　太鼓の音
踊るおにと、周りで手拍子を打つおにがいる。
お堂の扉が少し開いて、おじいさんが
顔をのぞかせるが、おにには気づかない。…❽

おに全員 歌♪　『くるみは　はっぱあ　ぱあくずく
「おにのおどり」　　おさなぎ　やっつの　おっかっかあ
　　　　　　　　　ちゃあるるるう　すってんがあ』

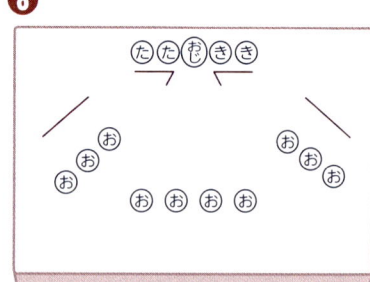

おじいさん、お堂から飛び出し、おにのあとに続いて踊り出す。…❾

おじいさん 歌♪　『ひょこたん　ひょこたん　ひょこたんたん
「こぶとりじいさん　ひたいに　ついた　たんこぶは
のテーマ」　　　　しあわせ　はこぶ　たからこぶ
（1番）　　　　　おどれば　しあわせ　やってくる
　　　　　　　　　ささら　ほうさら　ほーいほい』

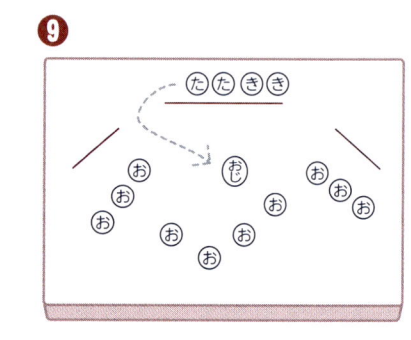

おにのお頭（かしら）　「これは、お見事」
おに全員　　　　「やんや　やんや」「もう1回、もう1回」（手拍子で催促する）
おじいさん　　　「はいはい、なん度でも踊りましょう」

おじいさんとおに、いっしょに踊る。

第1章　日本の昔話で楽しむ 劇あそび脚本

|  |  |
|---|---|
|  | 動物たちもそろそろとお堂から出てくると、踊りの輪に加わる。…⑩ |
| おじいさん&おに全員 歌♪<br>「おにのおどり」<br>「こぶとりじいさんのテーマ」（1番） | みんなで「おにのおどり」と「こぶとりじいさんのテーマ」（1番）を歌いながら踊る。<br>歌が終わったとき、にわとりの声が聞こえる。<br>BGM♪　コケコッコー |
| おに❷<br>おにのお頭<br>おじいさん | 「お頭、夜明けです」…⑪<br>「楽しかったぞ、じい、今夜もまた来い」<br>「いやあ……今夜はちょっと……」 |
|  | おじいさん、困った顔で後ずさりすると、 |
| おに❸&❹ | 「待て、じい」 |
|  | 両側からおじいさんを捕まえて、お頭の前に連れ戻す。 |
| おにのお頭 | 「今夜も来い。それまで、お前の大事なものを預かっておこう」 |
|  | おにのお頭、手を伸ばしてこぶをつかむ。…⑫ |
| おじいさん<br>おにのお頭 | 「これは、大事なたからこぶだから……」<br>「それっ」 |
|  | こぶを引きはがす。このとき、<br>おじいさん役の頭を押さえるとはがしやすい。 |
| おじいさん<br>動物全員<br>おにのお頭 | 「あっ」<br>「取れた……」<br>「よーし、ものども、引き揚げるぞ」 |
|  | お頭はこぶを懐に入れて退場。ほかのおにもあとに続く。…⑬ |

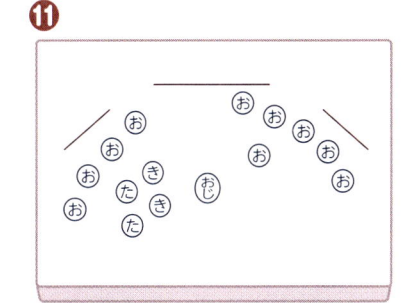

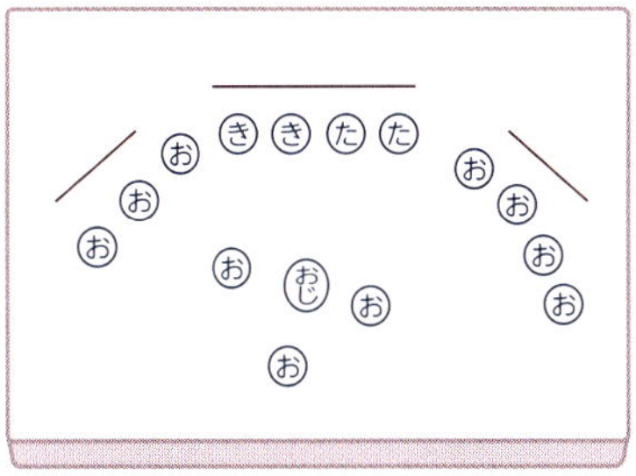

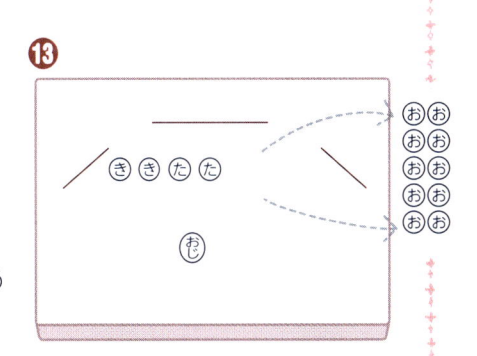

2 こぶとりじいさん

⑩ お堂／木／木　お頭以外は全員踊る。

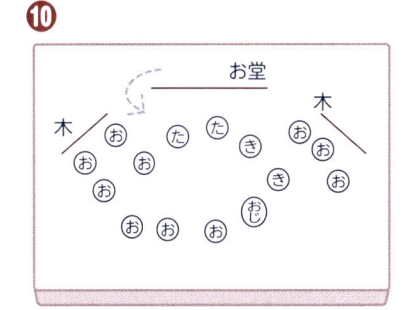

⑪

⑫

⑬

おにの姿が見えなくなると、動物たちはおじいさんを取り囲む。…⑭

| | |
|---|---|
| きつね❶ | 「おじいさん、大丈夫？」 |
| おじいさん | 「大丈夫じゃよ」 |
| きつね❷ | 「痛くない？」 |
| おじいさん | 「全然。ほら、触ってごらん」 |

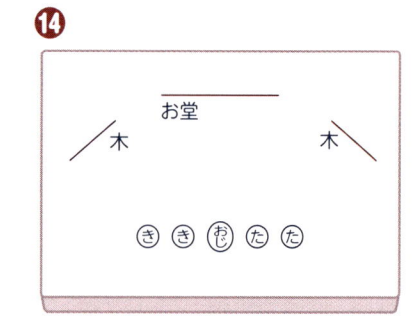

動物たち、おじいさんのおでこを
代わる代わるなでる。

| | |
|---|---|
| たぬき❶ | 「おじいさんのおでこ、つるつるだ」 |
| たぬき❷ | 「ほんとにつるつる」 |
| きつね❶ | 「血も出てないし、あともない」 |
| きつね❷ | 「おにって、すごいなぁ」 |
| おじいさん | 「もう、こぶとはお別れだよ」 |
| たぬき❶ | 「たからこぶなのに、いいの？」 |
| おじいさん | 「本当は邪魔だったんじゃよ。目の上のたんこぶだ」 |
| 動物全員 | 「なんだ、そうか」 |

ふくろうがナレーター定位置に登場。
ナレーションの間に

**セット変換：セットを回転させて木を見せる**

おにたち、セット裏に待機。…⑮

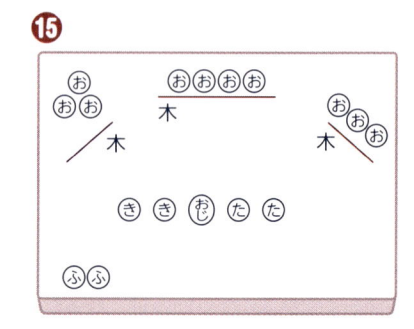

| | |
|---|---|
| ふくろう❶ | 「邪魔なこぶを取ってもらったおじいさんは、それからも楽しく踊りながら幸せに暮らしたそうです」 |
| ふくろう❷ | 「こぶとりじいさんのお話は、これでおしまいです」 |
| ふくろう❶ | 「あれっ、ちょっと待って。"こぶとりじいさん"じゃなくて"こぶとられじいさん"だったぞ？」 |
| きつね❶ | 「どっちだっていいじゃないか。めでたいんだから」 |
| きつね❷ | 「そうそう」 |
| おじいさん | 「では、みなさんもごいっしょに」 |

第1章 日本の昔話で楽しむ 劇あそび脚本

|全員|「踊りましょう」|
|---|---|

最後は全員舞台に登場して整列。…⓰

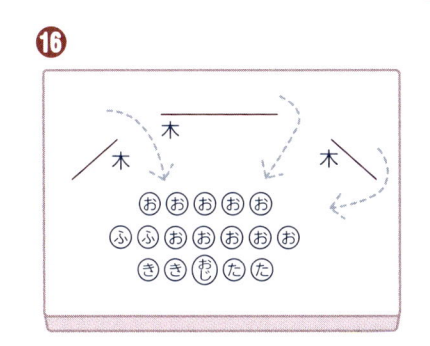

| 全員 歌♪<br>「こぶとりじいさん<br>のテーマ」<br>（2番） | 『ひょこたん　ひょこたん　ひょこたんたん<br>ひたいに　ついた　たんこぶは<br>しあわせ　はこぶ　たからこぶ<br>おどれば　しあわせ　やってきた<br>ささら　ほうさら　ほーいほい』 |
|---|---|

－歌い踊りながら、幕－

⓰
```
        木
    木／    ＼木
    おおおおお
   ふふおおおおお
    ききむたた
```

2 こぶとりじいさん

## こぶとりじいさんのテーマ　作詞・作曲　わたなべ めぐみ

1.2. ひょこたん ひょこたん　ひょこたんたん　ひたいについた たんこぶは　しあわせは こぶ
たからこぶ　おどれば しあわせ　やってくる／やってきた　ささらほう さら　ほーい ほい

## おにのおどり　作詞・作曲　わたなべ めぐみ

くるみ は はっぱ あ ぱ あくずく　おさなぎ やっ つの
おっかっかあ　ちゃ あるる う すってん があ

劇あそび
シナリオ
No.3

日本の昔話
# だいこんとにんじんとごぼう

対象年齢：3〜4歳児　　人数：15〜20人

> 『にんじんさんが赤いわけ』という題名で知っている人も多い因縁話です。お風呂という身近な場所が舞台なので、子どもたちも「わたしはごしごし洗うからだいこん」「ぼくは遊んでるから、ごぼう」などと、共感しながら演じることができます。

**登場人物**
ゆず（ナレーター兼風呂屋）——— 3　　だいこん ——— 3　　にんじん ——— 3
ごぼう ——— 3　　トマト ——— 2　　きのこ ——— 2　　とうもろこし ——— 2
ほうれんそう ——— 2
※だいこん・にんじん・ごぼう以外は、子どもが好きな野菜でOK。色や形が違うものを選ぶと舞台映えします。

**場面設定**　【1幕2場】　畑 ➡ 風呂屋

## セット

### 木＆風呂屋壁面（リバーシブル）　材料／段ボール板

段ボール板の表裏に絵をかき、木側の左右に支柱をつける。支柱にも絵をかくと立体的な感じになる。

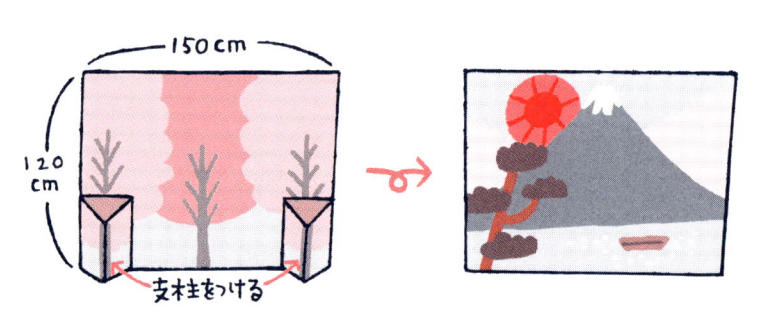

お風呂屋さんといえば、"富士山"のタイル画。そのイメージで！

第1章　日本の昔話で楽しむ 劇あそび脚本

## 土・草&湯船（リバーシブル）　材料／段ボール板

段ボール板の表裏に絵をかき、折り曲げて屏風のように立てる。不安定なら土・草側に支柱をつける。

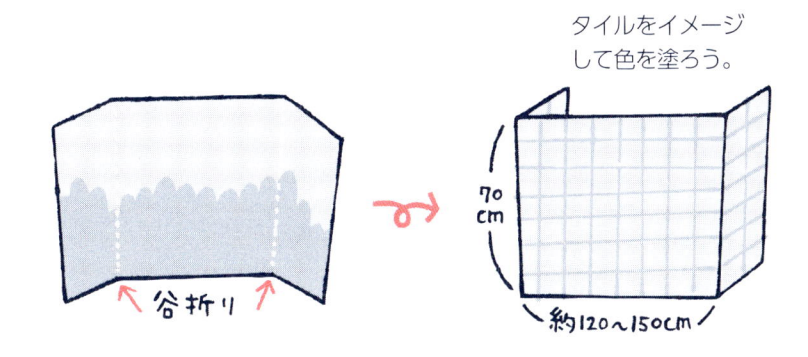

タイルをイメージして色を塗ろう。

70cm
約120～150cm
←谷折り→

3 だいこんとにんじんとごぼう

## 番台　材料／段ボール板、踏み台（ウレタン積み木など）

段ボール板に絵をかき、色を塗る。袖部分を折って立てる。不安定なら裏側に支柱をつける。

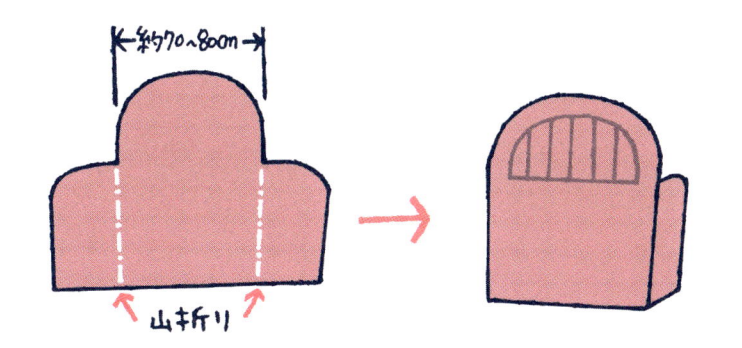

約70～80cm
←山折り→

踏み台（ウレタン積み木など）を置いて乗る。

## 風呂屋の入り口　材料／牛乳パック、不織布、棒、フック金具2個

牛乳パックをつなげて柱を作る。

①牛乳パックの口を開き、縦に切り込みを入れる。

②別のパックを差し込んでつなぎ、テープではる。

＊パックの底同士をはり合わせると、両側にジョイント部分が作れます。

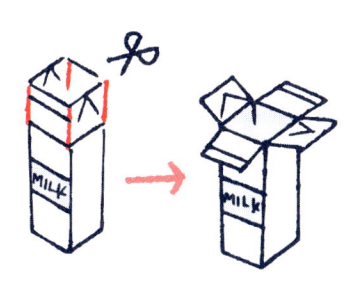

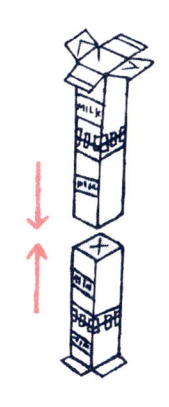

29

③入り口の形に組み立てる。

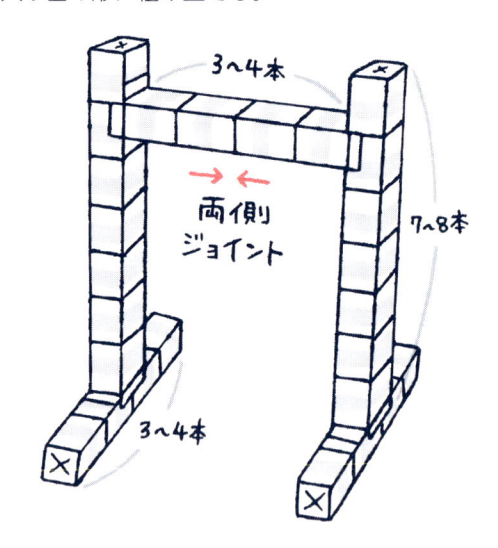

3〜4本
両側ジョイント
7〜8本
3〜4本

不織布でのれんを作る。絵柄や文字をかこう。

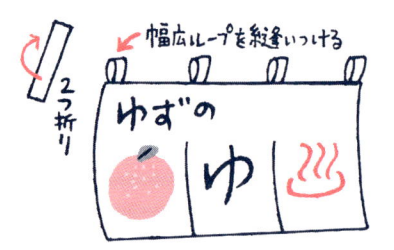

2つ折り
幅広ループを縫いつける
ゆずの ゆ

柱の上部の左右2か所にフック金具をつけ、のれんに棒を通してかける。

## 小道具

### にんじんペープ人形　材料／厚紙、色画用紙（茶・緑・オレンジ）、割りばし3本

①色画用紙を厚紙にはりつけ、にんじんの形に切り取る。にんじんは茶色、緑、オレンジ色の3色作る。

②裏面に割りばしをはりつける。

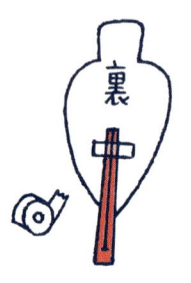

裏

### お風呂道具

タオル、バケツ、おけ、スポンジ、水鉄砲など、実物を用意する。

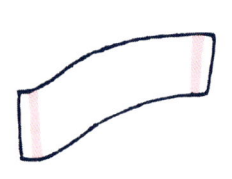

## 衣装

基本のスモック（作り方は141ページ参照）と帽子（作り方は32〜33ページ参照）を作り、役ごとにアレンジを加える。

### ごぼう・ほうれんそう・ゆず・トマト・きのこ
基本のスモック＋帽子

ごぼう　　ほうれんそう 　　ゆず 　　トマト 　　きのこ

### だいこん・にんじん
基本のスモック＋マント＋帽子

だいこん　　にんじん

＊マントの作り方は32ページを参照。

### とうもろこし
基本のスモック＋つぶつぶ付きTシャツ＋帽子

＊つぶつぶ付きTシャツの作り方は32ページを参照。

❖ **衣装（全役共通）**　材料／布（不織布でも可）、綿ロープ（ひも）

基本のスモック（作り方は141ページ参照）の、後ろをひもで結ぶタイプを作る。
とうもろこしのみ、前開きのタイプを作る。

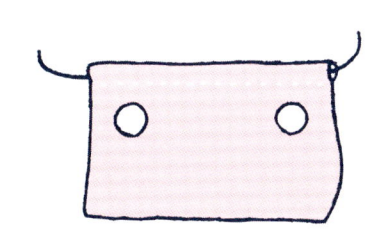

### ❖ マント（だいこん・にんじん）　材料／不織布（茶）、面ファスナー

①不織布を2枚重ねにして周りをかがり、面ファスナー（凸面）を縫いつける。

②茶色の不織布を半円形に切り、①と面ファスナー（凹面）を縫いつける。

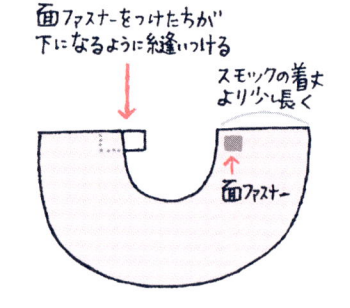

**ワンポイント**

マントは、子どもが自分で脱げるように、ゆとりをもたせたサイズに作りましょう。

---

### ❖ つぶつぶ付きTシャツ（とうもろこし）　材料／白Tシャツ、不織布（黄）、綿

①黄色の不織布を丸く切る。

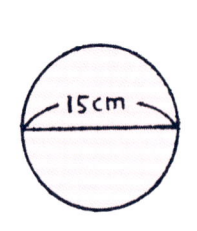

②周りを並縫いする。

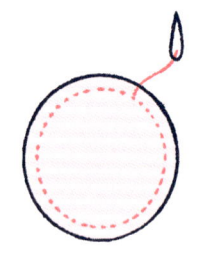

③綿を詰めながら口を絞って縫いとじる。

④Tシャツのフロント部分に③をいくつか縫いつける。つぶつぶは、少し大きめに作った方がかわいい。

---

### ❖ 帽子A（だいこん・にんじん・ごぼう・ほうれんそう）
　　材料／不織布またはクレープ紙（厚手の和紙でも可）、厚紙、輪ゴム2本、ひも

①不織布を切って帽子本体を作る。野菜ごとに葉の形や色を変える。

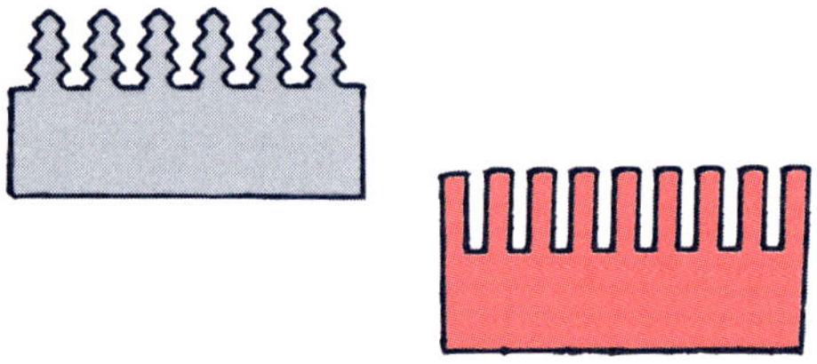

②厚紙と輪ゴムで作った帯に①を巻きつけてはる。

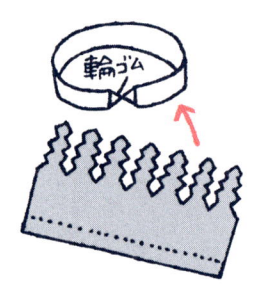

③葉の部分を束ねてひもでしばる。

## ❖ 帽子B（ゆず・トマト）　材料／不織布またはクレープ紙（厚手の和紙でも可）、厚紙、輪ゴム3本

①不織布を切って帽子本体を作り、厚紙と輪ゴムで作った帯に巻きつけてはる。

②先の部分を内側で絞り、輪ゴムでしばる。

③ゆずは葉を、トマトは星型のへたをはる。

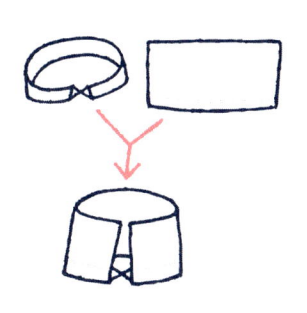

## ❖ 帽子C（きのこ）　材料／ボール紙、リボン、色画用紙など

①ボール紙を円形に切り、切り込みを入れてはり合わせ、笠を作る。

②立体にして、両側にリボンをつける。

③色画用紙などで模様をつけるとかわいい！

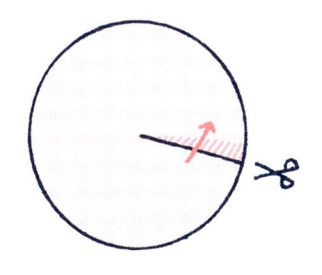

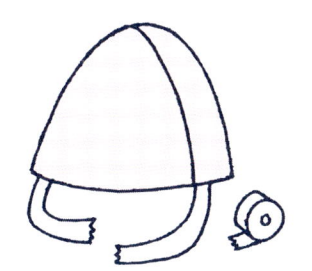

## ❖ 帽子D（とうもろこし）　材料／不織布またはクレープ紙（厚手の和紙でも可）、スズランテープ、厚紙、輪ゴム3本

①作り方は帽子Bと同じ。

②先の部分を外側で絞り、輪ゴムでしばるときにスズランテープで作ったひげをはさみ込む。ひげに少し茶色を混ぜてもきれい。

# 日本の昔話 だいこんとにんじんとごぼう シナリオ

| 言葉・動きの中心となる役 | 劇の進め方・舞台の配置・動き・せりふなど |
|---|---|
| | ナレーター（ゆず）幕前に登場。…❶ |
| ナレーター（ゆず）**1** | 「ねえねえ、にんじんはなに色か知ってる？」 |
| ナレーター**2** | 「知ってるよ」 |
| ナレーター**1** | 「それじゃ、このなかから選んでください」 |
| | 茶色・緑・オレンジ色のにんじんペープ人形を出す。 |
| ナレーター**2** | 「こんなの、簡単だよ」 |
| | オレンジ色を選ぶ。観客にも聞く。 |
| ナレーター**3** | 「にんじんはこの色だよね？」 |
| | 少し間を置いてから、茶色の人形を上げて、 |
| ナレーター**1** | 「残念でした。正解は、これ！」 |
| ナレーター**2**&**3** | 「えーっ」 |
| ナレーター**1** | 「ただし、むかしむかしのことだけどね」 |
| ナレーター**2** | 「むかしは茶色だったの？」 |
| ナレーター**3** | 「いつから赤くなったの？」 |
| ナレーター**1** | 「それは、こういうわけなのです」 |
| | ナレーター退場。幕が開く。 |
| | [舞台上：畑] |
| | にんじん・だいこん・ごぼうが畑仕事をしている。…❷ |

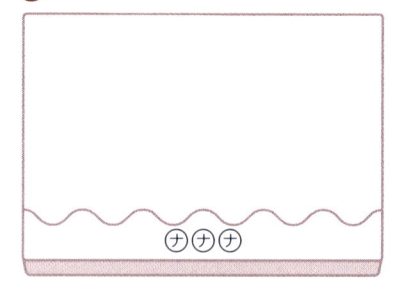

| | |
|---|---|
| にんじん**1** | 「あーあ、きょうもよく働いたなぁ」 |
| にんじん**2** | 「体じゅう、泥だらけだよ」 |
| にんじん**3** | 「お風呂に入ってさっぱりするか」 |
| にんじん**1** | 「そりゃあいい。だいこんどんも誘って行こう」 |
| にんじん全員 | 「おーい、だいこんどーん」 |
| だいこん全員 | 「なんだい、にんじんどん」 |
| にんじん**1** | 「いっしょにお風呂屋に行かないか？」 |
| だいこん**1** | 「そりゃあいい」 |
| だいこん**2** | 「ちょうど、さっぱりしたいと思っていたところだ」 |
| だいこん**3** | 「ごぼうどんも誘って行こう」 |
| にんじん&だいこん全員 | 「おーい、ごぼうどーん」 |
| ごぼう全員 | 「なにか用かー？」…❸ |
| にんじん**2** | 「いっしょにお風呂屋に行かないか？」 |
| ごぼう**1** | 「お風呂かぁ……」 |
| ごぼう**2** | 「あんまり好きじゃないんだが……」 |
| ごぼう**3** | 「みんなが行くなら、行くとするか」 |

にんじん・だいこん・ごぼう、下手に退場。
入れ替わりにナレーター登場。ナレーションの間に

**セット変換：畑→風呂屋**

野菜役がセット（舞台下手に入り口、
その横に番台、中央に湯船）
を設置し、湯船のなかで待機。…❹

木と土・草の書き割りを裏返し、
風呂屋壁面と湯船を見せて並べ直す。

**［舞台上：風呂屋］**

| | |
|---|---|
| ナレーター**1** | 「ほらね、にんじんは茶色だったでしょ」 |
| ナレーター**2** | 「だいこんも茶色だったよ」 |
| ナレーター**3** | 「みんな、ごぼうみたい」 |
| ナレーター**2** | 「にんじんは、いつ赤くなるの？」 |
| ナレーター**1** | 「それは、見てのお楽しみ……」 |

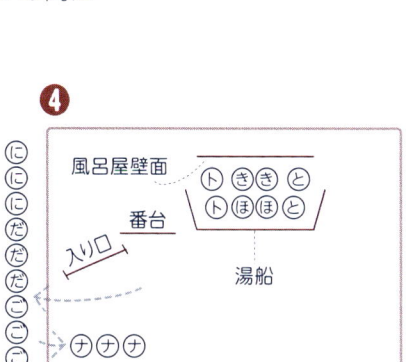

ナレーター、番台に移動。にんじん・だいこん・ごぼうが、入り口ののれんをくぐって登場。にんじんはタオル、だいこんはおけとスポンジ、ごぼうは水鉄砲やバケツを持っている。

| | |
|---|---|
| **ナレーター全員** | 「いらっしゃいませ」 |
| **にんじん全員** | 「さあ、早くあったまろう」 |

湯船に飛び込む。…❺

| | |
|---|---|
| **だいこん全員** | 「まずは、体をよーく洗いましょう」 |

湯船の前に座って、体をゴシゴシ洗い始める。

| | |
|---|---|
| **ごぼう❶** | 「それっ」（と言いながら、ごぼう❷&❸にお湯をかける） |
| **ごぼう❷&❸** | 「やったな」 |

ごぼう3人は湯船の周りで遊び始める。湯船に入っていたトマト・きのこ・ほうれんそう・とうもろこしが、舞台前方に移動。…❻

| | |
|---|---|
| **トマト❶** | 「よく、あたたまったわ」 |
| **トマト❷** | 「体じゅう、ぽっかぽか」 |
| **きのこ❶** | 「疲れがとれたよ」 |
| **きのこ❷** | 「なんだか、しゃきっとしてきたぞ」 |
| **とうもろこし❶** | 「見て、髪の毛、さらさらよ」 |
| **とうもろこし❷** | 「お肌も、つやつやになったわ」 |
| **ほうれんそう❶** | 「やっぱり、お風呂は最高だね」 |
| **ほうれんそう❷** | 「でも、入りすぎるとヘナヘナになっちゃうけどね」 |
| **全員** | 「ワハハハハ」（みんなで笑う） |

全員で整列して歌い踊る。…❼
その間に、にんじん&だいこんはマントを脱いで準備する。

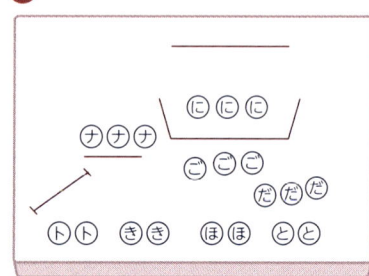

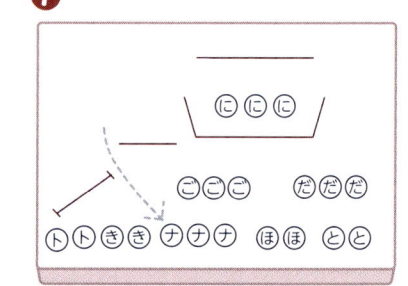

| | |
|---|---|
| 全員 歌♪<br>「おふロック」 | 『ロック　ロック　おふロック<br>ゴー　ゴー　レッツゴー　おふロック<br>つかれたときは　ここへ　おいでよ<br>こころも　からだも　さっぱりするぜ<br>**1番** パワー　ぜんかい　げんき　ひゃくばい<br>**2番** せっけん　つるりん　あわ　ぶくぶく<br>ロック　ロック　おふロック<br>ゴー　ゴー　レッツゴー　おふロック』 |
| | 歌い終わったとき、トマトが湯船を指さして叫ぶ。 |
| トマト**1** | 「まあ、大変」 |
| トマト**2** | 「にんじんさんが、まっかっか」 |
| | にんじん、湯船から出て、舞台前方に出てくる。…❽ |
| にんじん**1** | 「ちょっと、お湯に……」 |
| にんじん**2** | 「つかり過ぎたみたい……」 |
| にんじん**3** | 「目が回るー」 |
| | にんじん、その場に座り込む。 |
| きのこ**1** | 「大丈夫？」 |
| きのこ**2** | 「冷やすといいよ」（と言いながら、にんじんの頭にタオルを載せる） |
| | みんながにんじんに注目していると、 |
| とうもろこし**1** | 「あっ、だいこんさんが」 |
| とうもろこし**2** | 「まっしろしろになってる」 |
| | だいこん、にんじんの横に出てくる。…❾ |
| だいこん**1** | 「ちょっと、ゴシゴシ……」 |

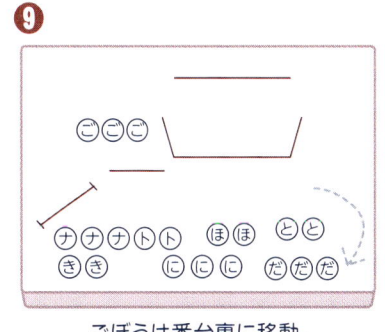

❽ 風呂屋壁面／番台／湯船／入り口

❾ ごぼうは番台裏に移動。

| | |
|---|---|
| だいこん❷ | 「洗い過ぎたかなぁ」 |
| ほうれんそう❶ | 「でも、すべすべで」 |
| ほうれんそう❷ | 「とってもきれい」 |
| だいこん❸ | 「えっ、そう？」 |

　　　　　　だいこん、うれしそうにポーズをとってから、

| | |
|---|---|
| だいこん全員 | 「そう言えば、ごぼうさんは？」 |
| 全員 | 「ごぼうさん……？」 |

　　　　　　みんなでごぼうに注目する。…❿
　　　　　　ごぼう、そろそろと前に出てくる。…⓫

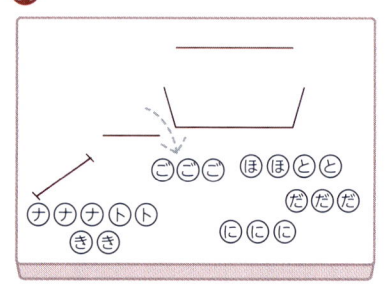

| | |
|---|---|
| 全員 | 「やれやれ」 |
| トマト❶&❷ | 「せっかくお風呂屋に来たのに」 |
| きのこ❶&❷ | 「お湯にも入らず」 |
| とうもろこし❶&❷ | 「洗いもせず」 |
| ほうれんそう❶&❷ | 「遊んでばかりいるなんて」 |
| 全員 | 「なんて、もったいないんでしょう」 |
| ごぼう全員 | 「でも……」 |
| ごぼう❶ | 「遊んでいるだけでも」 |
| ごぼう❷ | 「やっぱり、お風呂は……」 |
| ごぼう❸ | 「楽しいよね！」 |

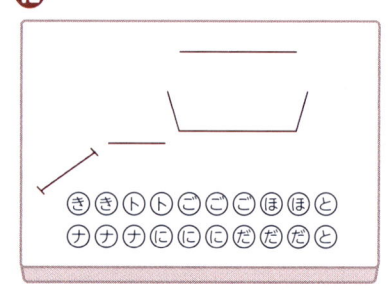

　　　　　　野菜全員、ガクッとずっこける。ナレーター、前方に移動。…⓬

| | |
|---|---|
| ナレーター全員 | 「と、いうわけで」 |
| ナレーター❶ | 「にんじんさんは赤く」 |
| ナレーター❷ | 「だいこんさんは白く」 |
| ナレーター❸ | 「ごぼうさんは茶色いまま」 |
| ナレーター全員 | 「になったということです」 |
| 全員 | 「めでたしめでたし」 |
| ごぼう❶ | 「なんで、めでたいの？」 |

❿ 立ち位置は❾と同じだが、みんなで振り返ってごぼうに注目する。

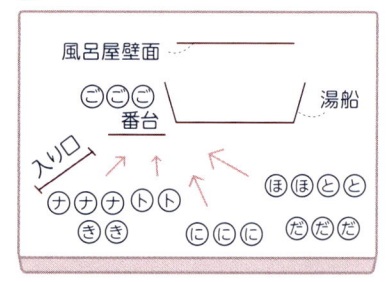

⓫

⓬

第1章　日本の昔話で楽しむ 劇あそび脚本

| にんじん❶ | 「なぞが解けたからでしょ」 |
| だいこん❶ | 「ではまた、ひとっ風呂、浴びることにしましょう」 |

全員、湯船に入ったり、体を洗いながら歌う。…⓫

❸ だいこんとにんじんとごぼう

全員 歌♪
「おふロック」

『ロック　ロック　おふロック
ゴー　ゴー　レッツゴー　おふロック
つかれたときは　ここへ　おいでよ
こころも　からだも　さっぱりするぜ
1番　パワー　ぜんかい　げんき　ひゃくばい
2番　せっけん　つるりん　あわ　ぶくぶく
ロック　ロック　おふロック
ゴー　ゴー　レッツゴー　おふロック』

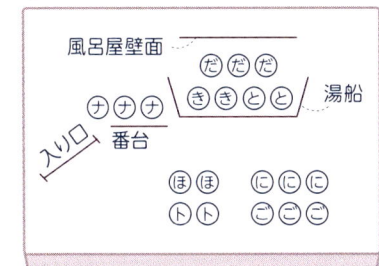

—幕—

お湯につかったり、背中の流しっこをしたりする。ナレーターもいっしょに湯船に入ってもよい。

## おふロック
作詞・作曲　わたなべ　めぐみ

劇あそびシナリオ No.4

日本の昔話
# だんごどっこいしょ

対象年齢：3〜4歳児　人数：15〜20人

> ごちそうになった団子が気にいり、家でも作ってもらおうと考えたふたごの男の子。忘れないように「だんごだんご」と歌いながら歩いていきますが……。「だんごだんご……」の繰り返しや、「どっこいしょ」に変わってしまうおかしさをユーモラスに演じてみましょう。

| 登場人物 | ふたごの男の子 ── 2 | 母親 ── 1 | お店の人 ── 2 | きつね ── 2 |
|---|---|---|---|---|
| | たぬき ── 2 | うさぎ ── 2 | さる ── 2 | しか ── 2 |
| | くま ── 2 | | | |

※ナレーターは動物役が交代で担当します。ナレーターを担当するときは、お面（帽子）をとりますが、着脱が大変な場合はそのままでOKです。

**場面設定**　【1幕3場】　町のお店 ➡ 山道 ➡ ふたごの家

## セット

### 木＆お店A（リバーシブル）　材料／段ボール板

段ボール板の表裏に絵をかき、木側の左右に支柱をつける。支柱にも絵をかくと立体的な感じになる。

## 木&お店B（お店の人がいる方・リバーシブル） 材料／段ボール板

段ボール板の表裏に絵をかき、折り曲げて屏風のように立てる。不安定なら裏側に支柱をつける。窓は開くように切り込みを入れておく。

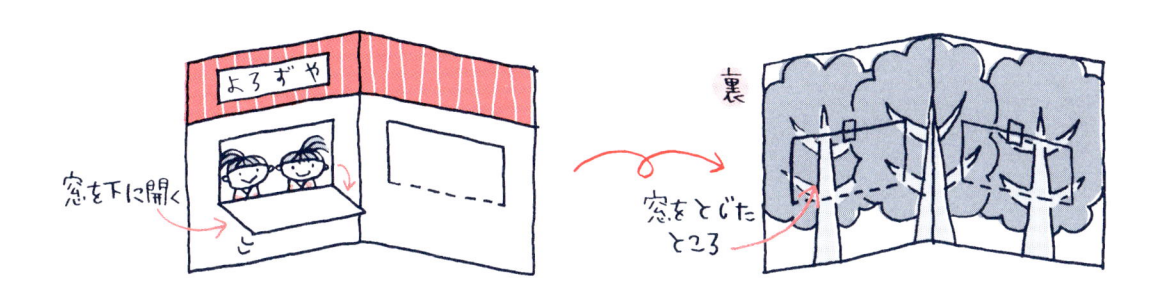

## 木&ふたごの家（リバーシブル） 材料／段ボール板

段ボール板の表裏に絵をかき、木側の左右に支柱をつける。支柱にも絵をかくと立体的な感じになる。

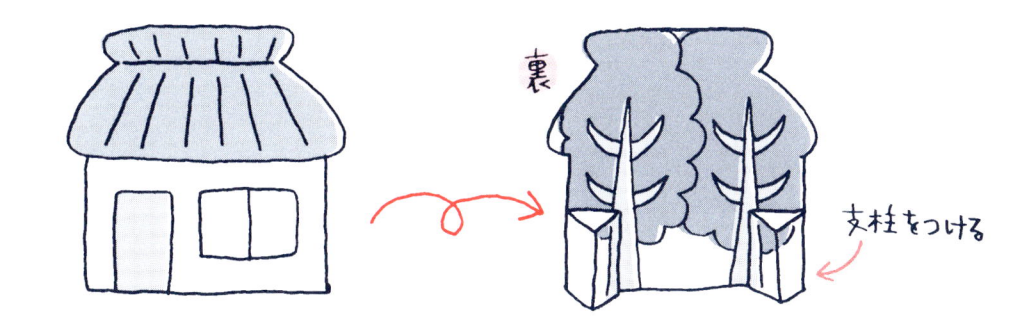

## 大岩 材料／新聞紙、ラシャ紙（こげ茶）

①新聞紙を丸めたものをいくつかはり合わせ、岩の土台を作る。

②こげ茶色のラシャ紙をくしゃくしゃにしてから広げ、①を包み、目立たないようにセロハンテープでとめる。

## 小道具

### 風呂敷包み（×2） 材料／大きめの風呂敷、バスタオル

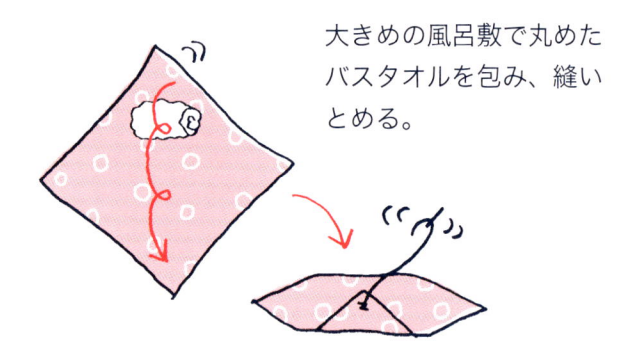

大きめの風呂敷で丸めたバスタオルを包み、縫いとめる。

**ワンポイント**

風呂敷はあらかじめ結んでおき、首にスポッとかけるようにすれば子どもが自分でできます。

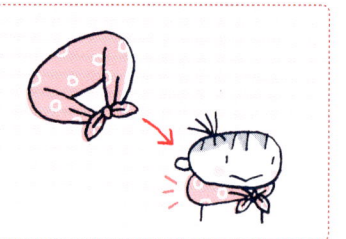

### 団子 材料／フェルト（濃いピンク・白・黄緑）、綿、割りばし2本、紙皿

①割りばしをフェルトで包んで縫う。割りばしは割らずにそのまま使う。

②フェルトで団子を作り、割りばしに縫いつける。

③同じものをもう1つ作り、紙皿に載せる。

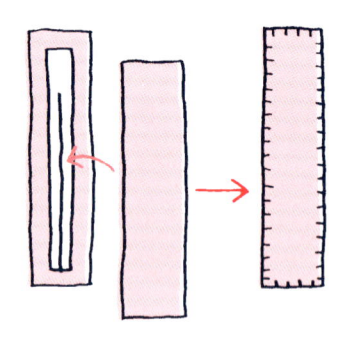

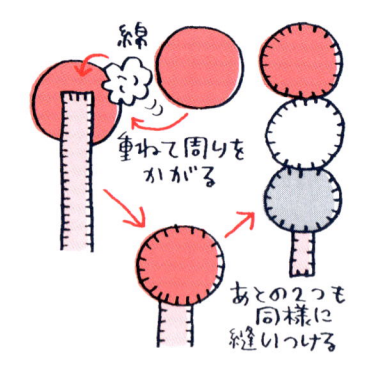

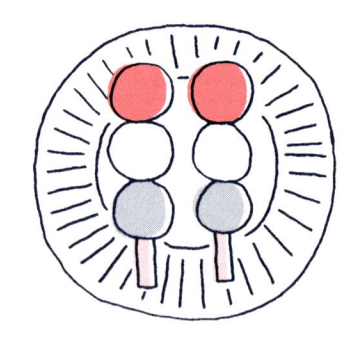

## 衣装

### 母親

❖ **浴衣（たすきがけ）、手ぬぐい**

❖ **前かけ** 材料／木綿生地

①布を切って周りをかがる。

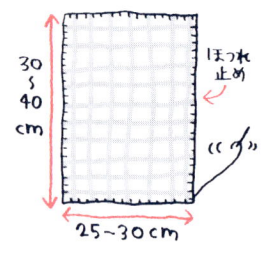

②上部に共布（または幅広のリボン）を縫いつける。

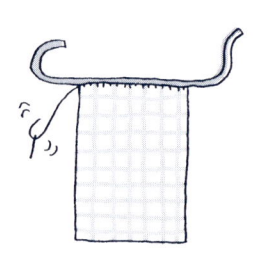

## 男の子

### ❖ 浴衣または甚平

浴衣は短めに着て、半ズボンをはく。

### ❖ 帽子風かつら　材料／布（伸縮性のあるもの）、毛糸（極太・黒）、輪ゴム1本、リボン

①布を切って縫い合わせ、裏返す。

②毛糸を①にはりつける。毛糸は帽子より長めにして、上を余らせておく。

③余った部分を束ねて輪ゴムでしばり、リボンを結ぶ。

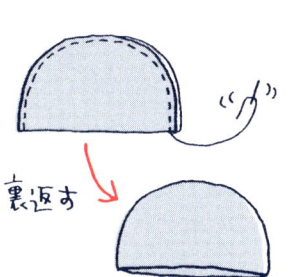

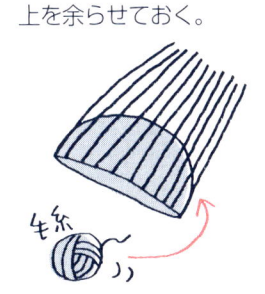

### ❖ こぶ　材料／布（伸縮性のあるもの・薄橙）、面ファスナー（凸面）

布を丸く切って周りを並縫いし、綿を詰めながら口を絞って縫いとじる。面ファスナーの凸面を縫いつける。

＊ふたごが頭をぶつけてこぶができる場面では、こぶを素早くかつらにはりつけます。

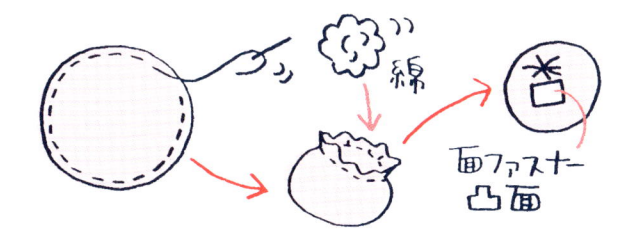

## お店の人

### ❖ 浴衣

### ❖ 前かけ　材料／木綿生地

母親と同様に作る。

### ❖ 帽子風かつら　材料／布（伸縮性のあるもの）、毛糸（極太・黒）、輪ゴム1本

男の子と同様に作る。上に余らせておく毛糸を、男の子より長くして、ポニーテール風に結う。

かつらではなく、手ぬぐいをかぶってもOK。

4　だんごどっこいしょ

## 動物たち

基本のスモック（作り方は141ページ参照）と帽子（作り方は140ページ参照）を作り、それぞれに合わせたしっぽと耳をつける。

❖ **衣装**　材料／布（不織布でも可）、綿ロープ（ひも）、綿、毛糸（うさぎのみ）

❖ **帽子**　材料／布（伸縮性のあるもの）、フェルト、綿

### きつね＆たぬき

**しっぽ**
布を細いだ円形に切り、綿をはさんで周りをかがり、スモックに縫いつける。

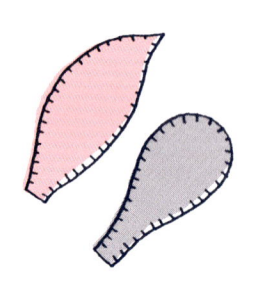

### うさぎ

＊耳は、綿を入れるだけでかなり立体的になります。よりピンと立たせたいなら、針金を入れてもよいでしょう。

**しっぽ**
毛糸でポンポンを作ってスモックに縫いつける。

### さる・しか・くま

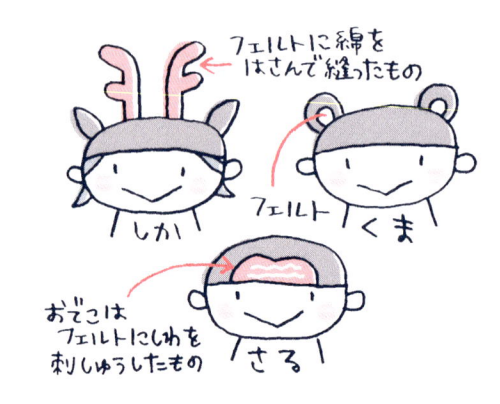

**しっぽ**
布を三角形に切り、周りをかがって裏返し、綿を少し詰めてスモックに縫いつける。

第1章　日本の昔話で楽しむ 劇あそび脚本

# 日本の昔話 だんごどっこいしょ シナリオ

| 言葉・動きの中心となる役 | 劇の進め方・舞台の配置・動き・せりふなど |
|---|---|
| | [舞台上：町のお店]<br><br>店Bのなかにお店の人がいる。<br>ナレーターAチーム（きつね＆たぬき）、定位置に登場。…❶ |
| きつね❶ | 「あるところに、ふたごの男の子がいました」 |
| たぬき❶ | 「ちょっとオッチョコチョイな男の子です」 |
| きつね❷ | 「2人とも？」 |
| たぬき❷ | 「うん」 |
| ナレーターAチーム全員 | 「ほら、あの2人です」 |
| | 舞台を指さす。ふたご、上手（かみて）から登場。<br>店の前をキョロキョロしながら行ったり来たりする。 |
| きつね❶ | 「おつかいを頼まれたようですが……」 |
| きつね❷＆たぬき❶・❷ | 「どうなることやら」 |
| | ナレーター下手（しもて）に退場。お店の人がふたごに声をかける。…❷ |
| お店の人❶ | 「なにかご用ですか」 |
| 男の子❶ | 「おっかさんに頼まれて、おつかいに来たんだ」 |
| お店の人❷ | 「それは、かんしんかんしん」 |
| 男の子❷ | 「ここに書いてあるものを全部ください」 |
| お店の人❶ | 「かしこまりました」 |
| お店の人❷ | 「少々お待ちください」 |
| | お店の人❶、品物を用意するポーズ。お店の人❷、団子を用意。 |

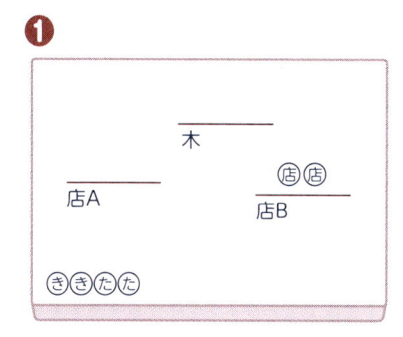

❶ 舞台配置図（木、店A、店B、きたた）

❷ 舞台配置図（店店、たたきき、子子）

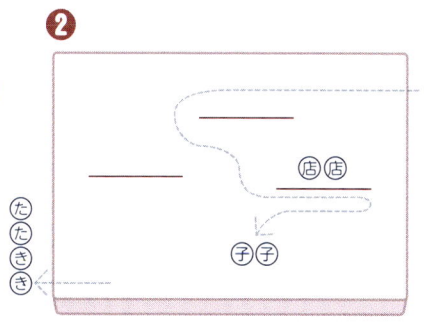

4 だんごどっこいしょ

45

| | |
|---|---|
| お店の人2 | 「おつかいができて、えらいねえ。これは、ごほうび」 |

　　　　　　　　お店の人2、団子を渡す。…❸

| | |
|---|---|
| 男の子1&2 | 「ありがとう」 |

　　　　　　　　ふたご、むしゃむしゃ食べるふり。

| | |
|---|---|
| 男の子1 | 「ああ、おいしい」 |
| 男の子2 | 「これはなんだろう？」 |
| お店の人2 | 「おやまぁ、団子を知らないのかい？」 |
| 男の子1&2 | 「だ・ん・ご？」 |
| お店の人2 | 「そう、団子だよ。うまいだろう？」 |
| 男の子1&2 | 「うん、うまい」 |
| お店の人1 | 「さあ、用意ができましたよ」 |

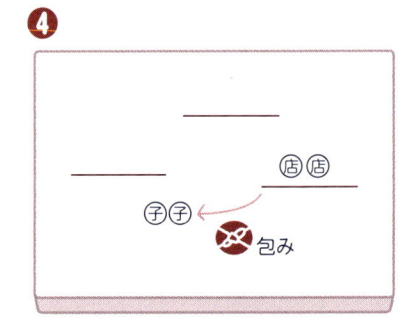

　　　　　　　　男の子1、財布からお金を出して払う。
　　　　　　　　ふたご、包みを受け取り、背中に背負う。…❹

| | |
|---|---|
| お店の人1 | 「毎度ありがとうございます」 |
| お店の人2 | 「気をつけて帰るんだよ」 |
| 男の子1&2 | 「はーい」 |

　　　　　　　　ふたご、2～3歩歩くと立ち止まる。

| | |
|---|---|
| 男の子1 | 「団子、うまかったなぁ」 |
| 男の子2 | 「おっかさんに作ってもらおう」 |
| 男の子1 | 「名前を忘れないように……」 |
| 男の子2 | 「歌いながら帰ろう」 |

　　　　　　　　ふたご、歌いながら歩き出し、
　　　　　　　　そのまま下手に退場。…❺

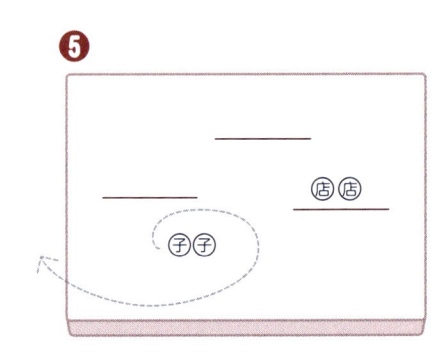

| | |
|---|---|
| ふたご 歌♪<br>「だんごのうた」<br>（1番） | 『だんご　だんご<br>うまい　だんご<br>まるくて　あまくて　もっちもち<br>くしに　ささって　たべやすい<br>だだんだ　だんだん　だ・ん・ご　ヘイ』 |

　　　　　　　ナレーターBチーム（うさぎ＆さる）登場。ナレーションの間に、動物役がセット変換。その後、セット裏に待機。…❻

> セット変換：町のお店→山道

[舞台上：山道]

| | |
|---|---|
| うさぎ❶ | 「よほど、おいしかったんだね」 |
| うさぎ❷ | 「歌っちゃうくらいだものね」 |
| さる❶ | 「でも、なんか心配だなぁ」 |
| さる❷ | 「2人ともオッチョコチョイだからねぇ……」 |

　　　　　　　ナレーターBチーム、セット裏に退場。
　　　　　　　ふたご、歌いながら登場。

| | |
|---|---|
| ふたご 歌♪<br>「だんごのうた」<br>（1番） | 『だんご　だんご<br>うまい　だんご<br>まるくて　あまくて　もっちもち<br>くしに　ささって　たべやすい<br>だだんだ　だんだん　だ・ん・ご　ヘイ』 |

　　　　　　　セット裏から、ナレーターAチーム（きつね＆たぬき）登場。…❼

| | |
|---|---|
| ナレーターAチーム全員 | 「団子って、そんなにおいしいの？」 |
| 男の子❶＆❷ | 「そりゃあもう、ねっ」 |

　　　　　　「ねっ」で顔を見合わせる。

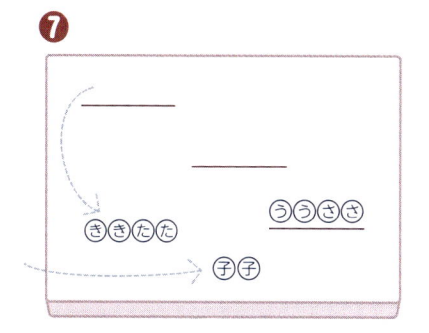

❻ 店の書き割りを裏返して木を見せ、全体を並べ直す。

| | |
|---:|:---|
| きつね❶ | 「いいなぁ」 |
| きつね❷ | 「一度でいいから食べてみたいな」 |
| たぬき❶ | 「ぼくたちにも食べさせてよ」 |
| たぬき❷ | 「ねえ、お願い」 |
| 男の子❶ | 「いいとも」 |
| 男の子❷ | 「ついておいで」 |
| ナレーターAチーム全員 | 「やったあ」 |

　　　　　　　　ふたごとナレーターAチーム、並んで歌いながら歩き出す。

| | |
|---:|:---|
| 全員 歌♪<br>「だんごのうた」<br>（1番） | 『だんご　だんご<br>うまい　だんご<br>まるくて　あまくて　もっちもち<br>くしに　ささって　たべやすい<br>だだんだ　だんだん　だ・ん・ご　ヘイ』 |

　　　　　　　　舞台を1周したら、ナレーターBチーム（うさぎ＆さる）登場。…❽

| | |
|---:|:---|
| ナレーターBチーム全員 | 「団子って、そんなにおいしいの？」 |
| 男の子❶＆❷ | 「そりゃあもう、ねっ」 |

　　　　　　　　「ねっ」で顔を見合わせる。

| | |
|---:|:---|
| うさぎ❶ | 「いいなぁ」 |
| うさぎ❷ | 「一度でいいから食べてみたいな」 |
| さる❶ | 「ぼくたちにも食べさせてよ」 |
| さる❷ | 「ねえ、お願い」 |
| 男の子❶ | 「いいとも」 |
| 男の子❷ | 「ついておいで」 |
| ナレーターBチーム全員 | 「やったあ」 |

　　　　　　　　ふたご＆ナレーターA・Bチーム、並んで歌いながら歩き出す。

| 全員 歌♪ | 『だんご　だんご |
| --- | --- |
| 「だんごのうた」 | うまい　だんご |
| （1番） | まるくて　あまくて　もっちもち |
| | くしに　ささって　たべやすい |
| | だだんだ　だんだん　だ・ん・ご　ヘイ』|

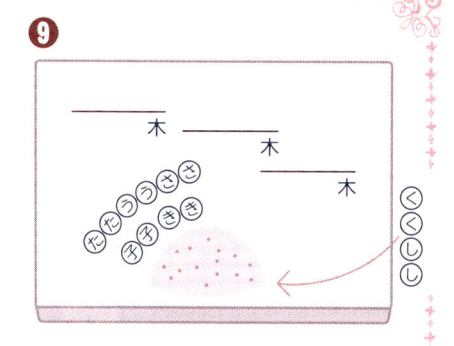

　　　　　舞台を1周する間に、ナレーターCチーム（しか＆くま）が大岩を出す。…⑨
　　　　　ふたご、大岩に気づいて立ち止まる。

| 男の子❶ | 「あれっ、道がふさがっているぞ」 |
| --- | --- |
| 男の子❷ | 「みんなで、岩をどかそう」 |
| 全員 | 「おう！」 |

　　　　　みんなで岩を押す。…⑩

| 男の子❶＆❷ | 「せーのっ」 |
| --- | --- |
| 全員 | 「よいしょ、こらしょ、どっこいしょ」 |

　　　　　岩が動く。

| 全員 | 「やったーっ」 |
| --- | --- |

　　　　　みんなで喜び合う。

| 男の子❶ | 「では、しゅっぱーつ」 |
| --- | --- |

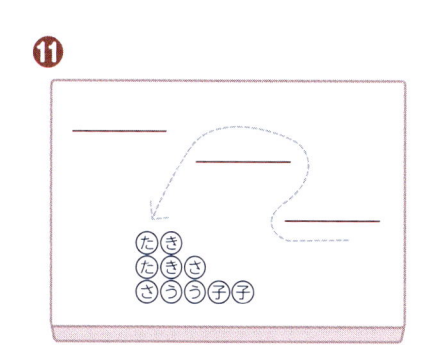

　　　　　再び、歌いながら歩き出す。が、歌詞が変わっている。…⑪

| 全員 歌♪ | 『どっこいしょ　どっこいしょ |
| --- | --- |
| 「だんごのうた」 | うまい　どっこいしょ |
| （2番） | まるくて　あまくて　もっちもち |
| | くしに　ささって　たべやすい |
| | どどんど　どんどん　どっこいしょ　ヘイ』|

舞台を1周すると、ナレーターCチーム
（しか＆くま）登場。…⓬

| | |
|---|---|
| ナレーターCチーム全員 | 「どっこいしょって、そんなにおいしいの？」 |
| 男の子❶＆❷ | 「そりゃあもう、ねっ」 |

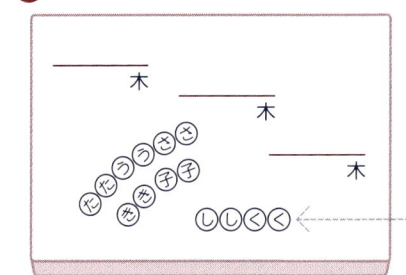

「ねっ」で顔を見合わせる。

| | |
|---|---|
| しか❶ | 「いいなぁ」 |
| しか❷ | 「一度でいいから食べてみたいな」 |
| くま❶ | 「ぼくたちにも食べさせてよ」 |
| くま❷ | 「ねえ、お願い」 |
| 男の子❶ | 「いいとも」 |
| 男の子❷ | 「ついておいで」 |
| ナレーターCチーム全員 | 「やったあ」 |

ふたご＆動物たち、並んで歌いながら歩き出す。…⓭

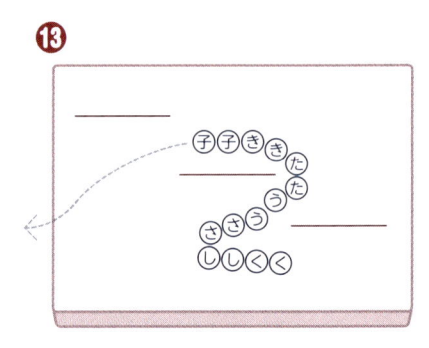

| | |
|---|---|
| 全員 歌♪<br>「だんごのうた」<br>（2番） | 『どっこいしょ　どっこいしょ<br>うまい　どっこいしょ<br>まるくて　あまくて　もっちもち<br>くしに　ささって　たべやすい<br>どどんど　どんどん　どっこいしょ　ヘイ』 |

歌いながら舞台を1周してから、下手（しもて）に退場する。
ナレーターDチーム（お店の人）が
上手（かみて）から登場。…⓮

| | |
|---|---|
| お店の人❶ | 「おいおい、歌が変だぞ」 |
| お店の人❷ | 「うまいどっこいしょって、なんだ？」 |
| お店の人❶ | 「おっかさんに作ってもらえるかなぁ？」 |
| お店の人❷ | 「さあ」 |

**セット変換：山道→ふたごの家**

お店の人、セットを変換してから上手(かみて)に退場。
母親、家のセット裏から舞台前方に登場。…⑮

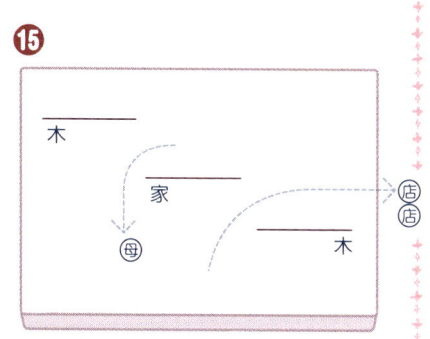

中央の木のセットを回転させて
ふたごの家を見せる。

[舞台上：ふたごの家]

| | |
|---|---|
| 母親 | 「そろそろ、帰ってくるころなんだけど……。<br>2人ともオッチョコチョイだから心配だわ」 |

そこに下手(しもて)からふたご＆動物たち登場。…⑯

| | |
|---|---|
| 男の子❶＆❷ | 「おっかさん、ただいま」 |
| 母親 | 「おかえりー、ごくろうさま」 |
| 男の子❶ | 「あー、疲れた。おなかぺこぺこだよ」 |
| 男の子❷ | 「どっこいしょ、作っておくれ」 |
| 母親 | 「なんだい、どっこいしょって？」 |
| 男の子❶ | 「丸くて、甘くて、もっちもち」 |
| 男の子❷ | 「串に刺さって食べやすい、どっこいしょだよ」 |
| 母親 | 「そんな食べ物ないよ」 |
| 男の子❶ | 「でも、おつかいのごほうびにもらって食べたんだ」 |
| 男の子❷ | 「名前を忘れないように歌いながら帰ってきたのに……」 |
| 全員 | 「おかしいなぁ」 |

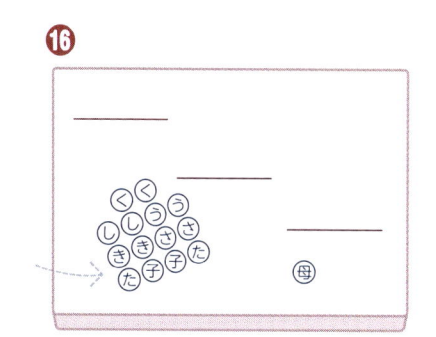

全員、首をかしげる。ふたご、けんかを始める。…⑰

| | |
|---|---|
| 男の子❶ | 「お前がちゃんと覚えておかないからだぞ」 |
| 男の子❷ | 「自分だって、どっこいしょって歌ってたじゃないか」 |
| うさぎ❶ | 「けんかしないで」 |
| きつね❶ | 「みんなで考えようよ」 |

動物たちがふたごを取り囲む。が、もみ合っているうちにふたごは頭をぶつける。…⑱

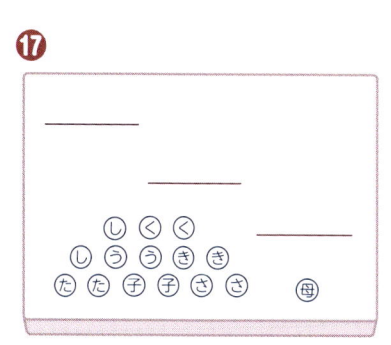

| | | |
|---|---|---|
| ふたご | 「あいたたたっ」 | ⓲ |

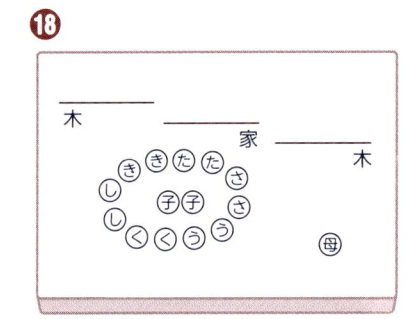

ふたごのおでこにこぶを素早くはったら、
動物たちは元の位置に戻る。
ふたご、こぶがよく見えるように舞台前方
に出て座り込む。それを見て、母親が明る
く言う。…⓳

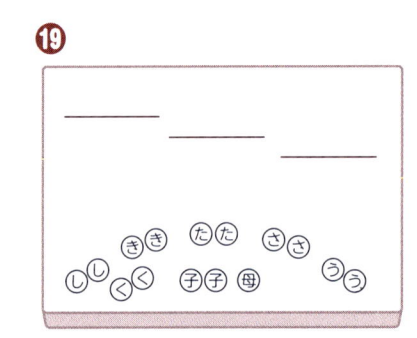

| | |
|---|---|
| 母親 | 「あらまあ、大きなこぶ。2つ並んで お団子みたい」 |
| 全員 | 「それだ！！」 |
| 母親 | 「それって？」 |
| 全員 | 「お団子だよ」 |
| 母親 | 「なるほど。確かにお団子は、丸くて、甘くて、もっちもちで、串に刺さって食べやすいわね」 |
| 全員 | 「作れる？」 |
| 母親 | 「まかしとき！」 |
| 全員 | 「わーい」 |

ナレーターCチーム（しか＆くま）定位置に移動。…⓴

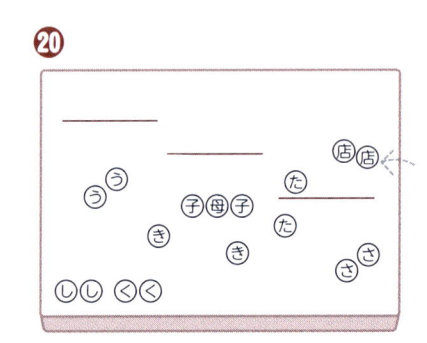

| | |
|---|---|
| しか❶ | 「と、いうわけで、これからお団子作りです」 |
| しか❷ | 「ぼくたちも、手伝いまーす」 |
| くま❶ | 「やっと、食べられるよ」 |
| くま❷ | 「名前を思い出せてよかったね」 |
| ナレーターCチーム全員 | 「どっこいしょは、食べられないものね」 |

舞台上、団子作りの用意をする母親と、
それを手伝うふたご＆動物たち。

－BGMに「だんごのうた」（1番）が流れるなか、幕－

> **ワンポイント**
>
> ラストの団子作りのシーンは、特に小道具はなしで舞台上を忙しそうにうろうろします。本物の鍋やボール、へらを使ってもOK。間がもたないなら、並んで歌を歌い、歌い終わったら幕を引きます。

## だんごのうた

作詞・作曲　わたなべ　めぐみ

1. だんごだんご　うたいだんご　まるくてあまくて　もっちもち　くしにささって　たべやすい　だんだんだん　だんごヘイ
2. どっこいしょどっこいしょ　うまいどっこいしょ　…　どんどんどん　どっこいしょヘイ

④ だんごどっこいしょ

劇あそび
シナリオ
No. 5

日本の昔話
# さるかに

対象年齢：4・5歳児　　人数：20～30人

「さるかに合戦」の題名で有名な昔話です。「早く芽を出せ、柿の種……」という、かにの言葉で柿の木がみるみる大きくなる場面が印象的です。ここでは、母がにのあだ討ちではなく、いじわるなさるをこらしめるという展開にしました。

| 登場人物 | ナレーター（小鳥）──3　おじいさん──1　かに──3　さる──3 |
| --- | --- |
| | 柿の木──3　はち──3　くり──3　きね──1 |
| | うす──1 |
| 場面設定 | 【1幕3場】　川岸 ➡ かにの家の前 ➡ さるの家 |

## セット

### 川　材料／裏地布（青または水色）

舞台の幅と同じ長さ分を用意します。

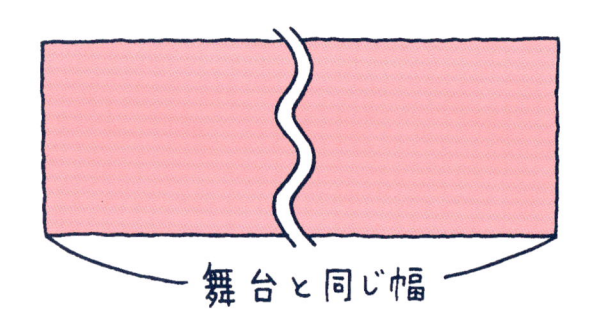

舞台と同じ幅

### 石（×2）　材料／新聞紙、色画用紙（グレー）

①新聞紙を丸めてボール状にする。

②色画用紙をくしゃくしゃにしてから広げ、①を包み、目立たないようにセロハンテープでとめる。

目立たない所をテープでとめる

## 草　材料／段ボール板、色画用紙

①段ボール板を草の形に切る。

②緑系の色画用紙をはる。アクリル絵の具で彩色してもよい。

③裏側に段ボール板の支柱をつける。

裏に支柱をつける

## 柿の木セット　材料／段ボール箱7箱（サイズの目安：縦25センチ×横45センチ）、色画用紙

①段ボール箱を開かないようにテープでとじて、色画用紙をはる。アクリル絵の具で彩色してもよい。

A：6個
茶／茶／緑／茶／茶

B：1個
水色／水色／緑／茶／茶

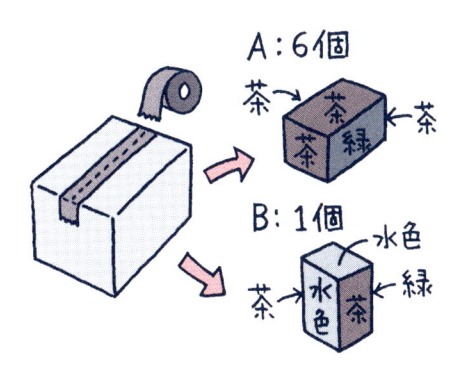

②Bにだけ、柿の芽をはる。芽はフェルトにしてもかわいい。

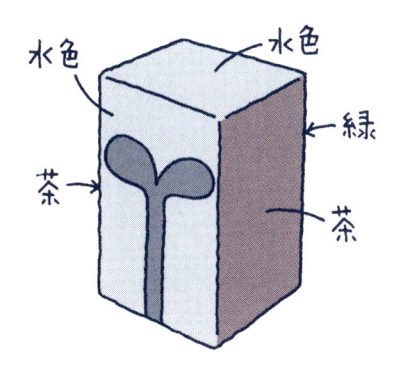

水色　水色　緑　茶　茶

【セットの使い方】
セットを組み、芽が出たシーンで芽をはりつけた箱Bを上に載せます。箱を載せるのは、セット後ろに待機した柿の木役が行います。

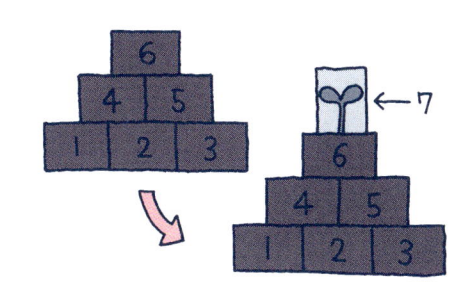

＊柿の木（セット）は、組み替えて「さるの家の前の木」になります。

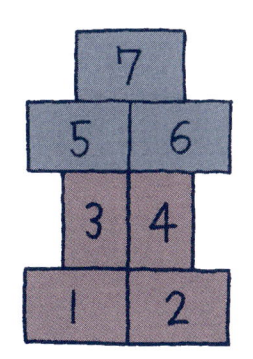

### ワンポイント

柿の木のセットは、柿の木役の子どもの待機場所になりますが、子どもたちが完全に隠れなくてもOK。少し見えているくらいの方がかわいいですよ。

### ワンポイント

段ボール箱は、あまり小さいと数が多く必要になるし、大き過ぎると子どもが移動しづらくなります。いわゆる"みかん箱"サイズがおすすめです。また、組み替えるときにどうしても不安定なら、組み替え後に裏側からクラフトテープで"ちょこっとどめ"をしてもよいでしょう。ただし、汚れや破れの原因になりますので、これは本番だけにしておきましょう。

5　さるかに

## さるの家  材料／段ボール板、障子紙

段ボール板に絵をかき、2枚をジョイントして屏風のようにL字に立てる。
ドアは引き戸は難しいのでドア型にするが、障子紙をはるなどして和風にする。

＊ジョイント部分はちょうつがいみたいに動くように、両側からクラフトテープでとめます。

- かやぶき風屋根
- 支柱
- 切り込み
- 裏に横長の支柱をつける
- 窓は穴を開け障子紙をはる
- ジョイント
- 谷折り

## 水がめ  材料／段ボール板

段ボール板に絵をかいて切り取り、裏側に支柱をつける。サイズは、裏にはち役の子どもが隠れるのでやや大きめに作る。

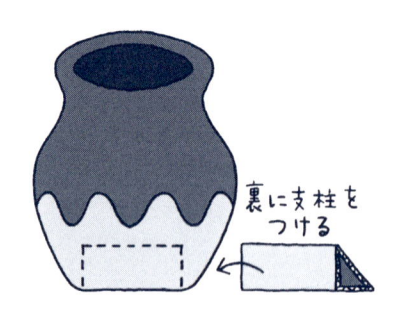

裏に支柱をつける

## 囲炉裏（いろり）  材料／段ボール板、色画用紙（黒・または新聞紙を黒く彩色）、色画用紙（赤）

①段ボール板を折り曲げる。

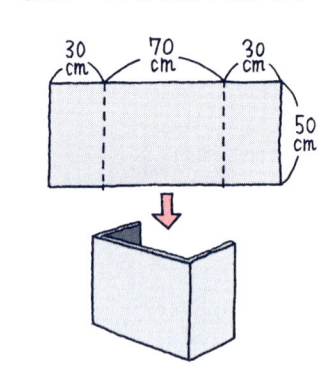

30cm / 70cm / 30cm / 50cm

②段ボール板に絵をかき、色画用紙を丸めて立体的に作った炭や火をはりつける。火は炭の下に入れ、ちょっとだけ見えるようにするのがポイント。

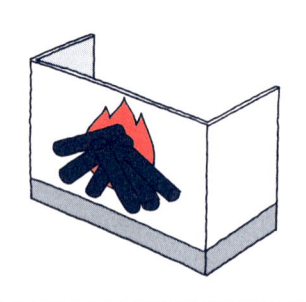

# 小道具

## おにぎりの風呂敷包み  材料／段ボール板、風呂敷

段ボール板を切って色を塗り、風呂敷で包む。

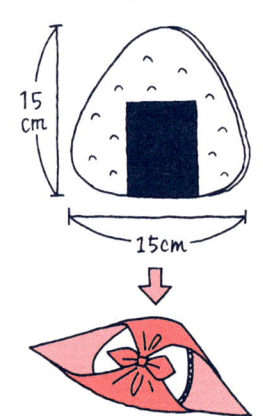

＊もっとリアルにしたい場合は、新聞紙を丸めておにぎり型に整え、白い和紙で包んでのり（黒い和紙）をはったおにぎりを作りましょう。

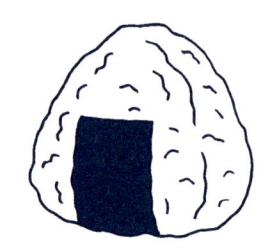

15cm / 15cm

## 柿の種  材料／段ボール板、色画用紙（茶）

段ボール板を種の形に切って、茶色の色画用紙をはる。アクリル絵の具で彩色してもよい。

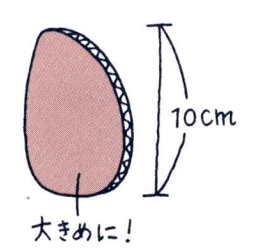

10cm
大きめに！

## おじいさんのつりざお  材料／棒、糸

棒の先に糸を結びつける。

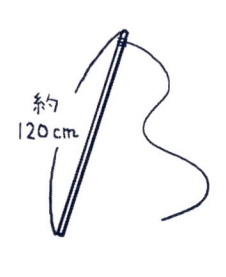

約120cm

## 衣装

### おじいさん

❖ **浴衣または甚平（渋い色がよい）、スパッツ**

浴衣は短めに着て、スパッツをはく。

❖ **ベスト　材料／布（不織布でも可）**

作り方は141ページを参照。

❖ **帽子　材料／布（伸縮性のあるもの）**

作り方は140ページを参照。色は茶色やモスグリーンなどがおすすめ。

### さる　❖ フード付きスモック　材料／布（不織布でも可・茶）、綿ロープ（ひも）、フェルト、綿

基本のスモック（作り方は141ページ参照）にフードとしっぽをつける。しっぽは、フェルト（または布）を筒状に縫い、綿を詰める。茶色の綿ロープでもOK。

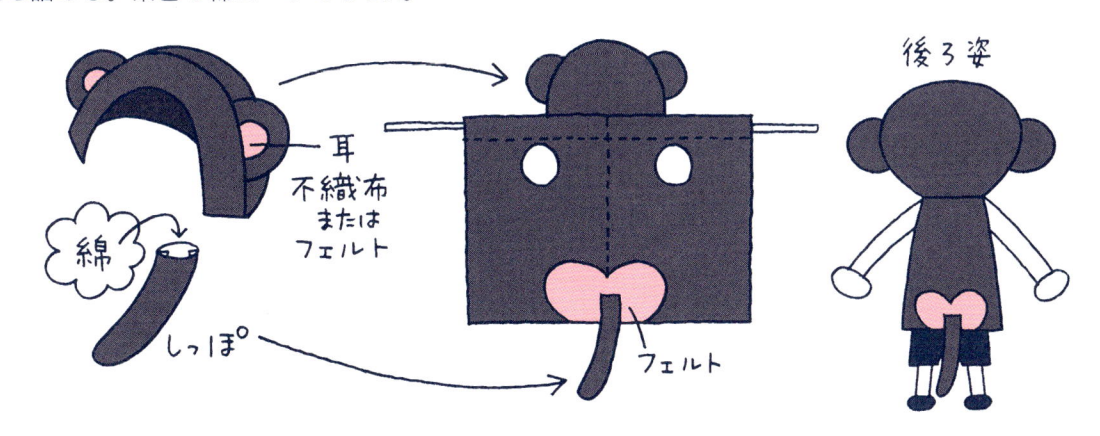

### かに　❖ 脚付きスモック　材料／布（不織布でも可・赤）、不織布（赤）、綿ロープ（ひも）、フェルト（オレンジ）

基本のスモック（作り方は141ページ参照）に脚と腹をつける。

①赤い不織布を脚型に切り、綿をはさんで周りをかがる。左右3本ずつ作る。

②オレンジ色のフェルト（または不織布）を切り、綿ロープを縫いつけてしましま模様にする。

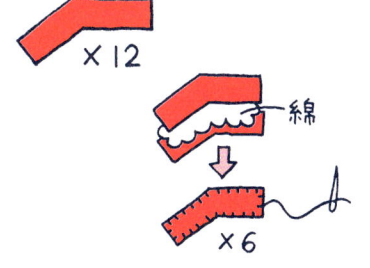

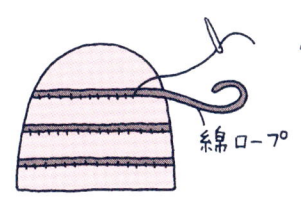

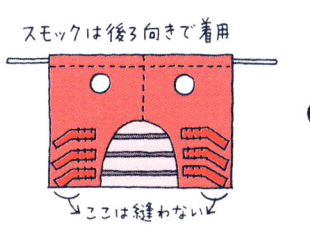

❖ **はさみ** 材料／フェルト（赤）、綿、子ども用手袋（軍手）

①赤いフェルトを切って縫い合わせ、裏返して綿を詰めて縫いとじる。

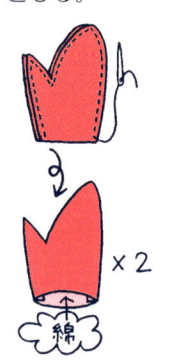

② ①のはさみを子ども用手袋に縫いつける。

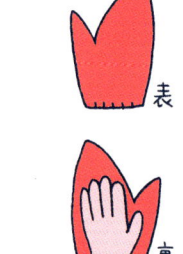

＊市販の赤い手袋で代用してもOKです。

❖ **目玉付きヘアバンド**
材料／厚紙、色画用紙（赤）、輪ゴム２本、モール、画用紙

①厚紙と輪ゴムで作った帯に、赤い色画用紙をはる。

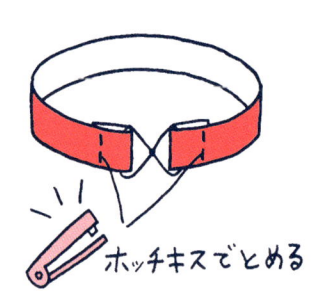

②帯にモールをはりつけ、その先に画用紙で作った目玉をはりつける。

ホッチキスでとめる

## はち・くり・きね・うす・小鳥（ナレーター）

基本のスモック（作り方は141ページ参照）とお面（ヘアバンド）または帽子（作り方は140ページ参照）を作り、アレンジを加える。

### はち

❖ **衣装** 材料／布（不織布でも可）、綿ロープ（ひも）、フェルト、綿

白または水色のフェルトを羽の形に切り、綿をはさんで周りをかがる。2枚作ってスモックの背中に縫いつける。スモックの下部分には、黒のフェルトまたは綿ロープを縫いつけてしましま模様にする。

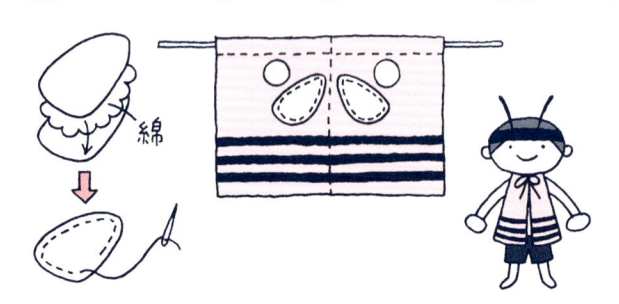

❖ **触角付きヘアバンド**
材料／厚紙、色画用紙（黒）、輪ゴム２本、モール

①厚紙と輪ゴムで作った帯に、黒い色画用紙をはる。

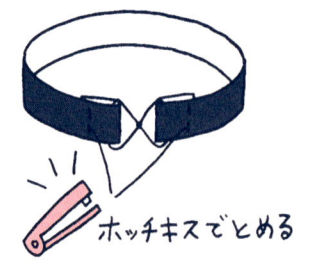

②帯にモールをはりつける。

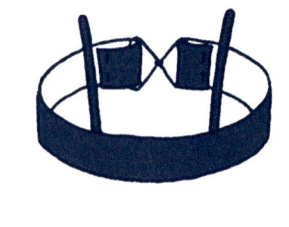

ホッチキスでとめる

### くり・きね・うす

❖ **お面**
材料／厚紙、輪ゴム２本、画用紙

❖ **衣装**
材料／布（不織布でも可・茶）、綿ロープ（ひも）

茶色の布で基本のスモック（作り方は141ページ参照）とお面を作る。

①厚紙と輪ゴムで帯を作る。お面本体がはりやすいように、帯に三角の支えをはりつけるのがポイント。

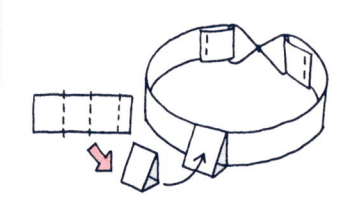

②お面本体を画用紙で作り、裏から厚紙で補強する。土台にはりつけたら完成。

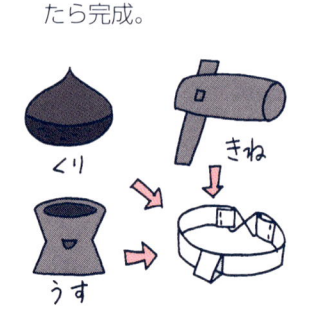

**ワンポイント**

くり・きね・うすは茶系なので、下に着るTシャツをカラフルなものにするとかわいくなります。

## 小鳥（ナレーター）

### ❖ 衣装　材料／布（不織布でも可）、綿ロープ（ひも）

基本のスモックを作り、フリンジをはりつける。ほかの役の衣装が地味なので、小鳥はカラフルにする。

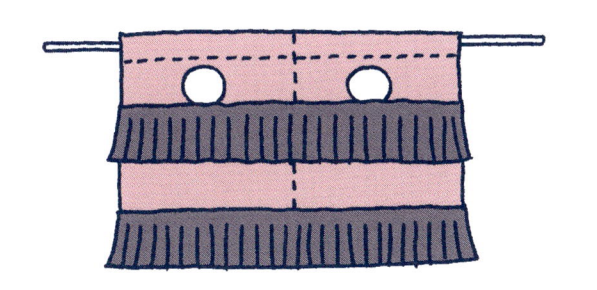

### ❖ 帽子　材料／布（伸縮性のあるもの）、フェルト、綿、動眼2個

くちばしはフェルトを三角形に切り、周りをかがって裏返し、綿を詰めて帽子に縫いつける。動眼2個をはりつける。

## 柿の木

### ❖ ポンチョ　材料／不織布、フェルト、面ファスナー（凹面）、平ゴム（6cm×2本）

① 不織布を直径100センチほどの円形に切る。

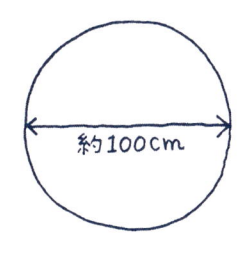

② 円の中心に十字の切れ目を入れ、半分に折る。

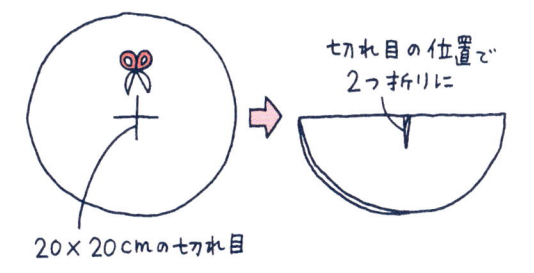

③ フェルトで枝と葉っぱを作ってはりつける。実をつけるための面ファスナー（凹面）を縫いつける。両端に平ゴムを輪にして縫いつける。

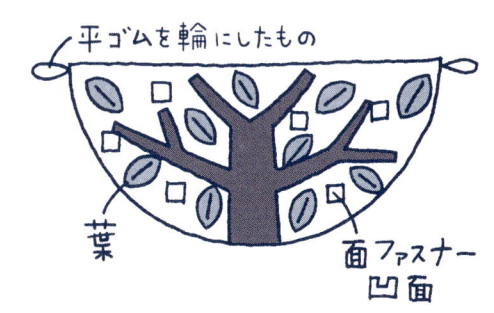

### ❖ 帽子　材料／布（伸縮性のあるもの）、フェルト

布を切って縫い合わせ、裏返してフェルトで作った葉っぱを縫いつける。

### ❖ 柿の実　材料／布（オレンジ・緑）、フェルト、綿、面ファスナー（凸面）

① オレンジ色の布を丸く切って周りを並縫いし、綿を詰めながら口を絞って縫いとじる。

② フェルトのへたをつけ、面ファスナーの凸面を縫いつける。

＊緑色の布で実を1個作りましょう（さるがかにに向けて実を投げる場面で使う）。

柿の木のセットとコラボレーション

第1章　日本の昔話で楽しむ 劇あそび脚本

5 さるかに

# 日本の昔話 さるかに シナリオ

| 言葉・動きの中心となる役 | 劇の進め方・舞台の配置・動き・せりふなど |
|---|---|

[舞台上：川岸]

おじいさんがつりをしている。
ナレーター（小鳥）は定位置。…❶

**ワンポイント**
おじいさん役は最初の場面しか登場しないので、後半に登場するはち・くり・うす・きね役と兼任します。

| | |
|---|---|
| ナレーター(小鳥)❶ | 「むかしむかし、あるところにおじいさんがいました」 |
| ナレーター❷ | 「ちょっと、待った」 |
| ナレーター❶ | 「なに？」 |
| ナレーター❷ | 「きょうは、さるとかにのお話だよね」 |
| ナレーター❶ | 「そうだよ」 |
| ナレーター❷ | 「おじいさんなんか、出てきたっけ？」 |
| ナレーター❸ | 「確か、出てこない。おにぎりは出てくるけど」 |
| ナレーター❶ | 「そのおにぎりを、おじいさんからもらうんだよ」 |
| ナレーター❸ | 「えっ、拾ったんじゃないの？」 |
| ナレーター❶ | 「拾ったおにぎりを食べちゃダメでしょ」 |
| ナレーター❷&❸ | 「うん」 |
| ナレーター❶ | 「というわけで、さるかにのお話、はじまりはじまり」 |

❶
つりざおの糸の先は、床にテープで軽くはりつけておく。

ナレーター下手（しもて）に退場。しばらくすると、おじいさんがつりざおを上げようとする。が、糸が引っかかっている。

| | |
|---|---|
| おじいさん | 「やれやれ、糸がなにかに引っかかってしまったぞ」 |

糸をほどこうとするが、うまくいかない。
そこに上手（かみて）から、3匹のかにが登場。…❷

| | |
|---|---|
| かに❶ | 「どうしたの、おじいさん？」 |

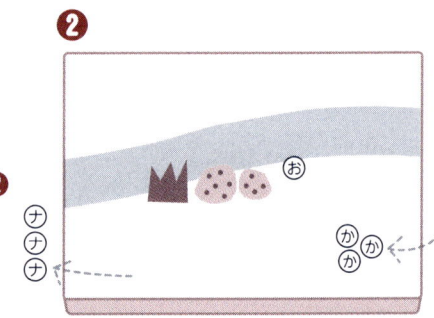

❷

| | |
|---|---|
| おじいさん | 「つり糸が引っかかって取れないんだよ」 |
| かに2 | 「それなら、わたしが切ってあげましょう」 |

　　　　　　かに2、はさみで糸を切る。

| | |
|---|---|
| おじいさん | 「ありがとう、助かったよ。そうだ、お礼にこれをあげよう」 |

　　　　　　おじいさん、風呂敷からおにぎりを出して、かに3に渡す。

| | |
|---|---|
| かに全員 | 「ありがとう、おじいさん」 |

　　　　　　おじいさん、つりざおをかついで下手に退場。…❸
　　　　　　かに、手を振って見送る。入れ替わりにさるが登場。…❹

| | |
|---|---|
| さる1 | 「やあ、かにどん。いいものを持っているじゃないか」 |
| かに1 | 「おじいさんにもらったんだよ」 |
| さる全員 | 「ふうん……」 |

　　　　　　さるたち、こそこそ相談すると、

| | |
|---|---|
| さる2 | 「実は、おれたちもおばあさんから、いいものをもらったんだ」 |
| かに2 | 「おばあさんから？」 |
| さる3 | 「そうさ、おにぎりよりもいいものさ」 |

　　　　　　さる1、柿の種を見せる。

| | |
|---|---|
| かに3 | 「なあんだ、ただの柿の種じゃないか」 |
| さる1 | 「そうだよ、今はただの柿の種さ」 |
| さる2 | 「でも、これを土に埋めて育てれば……」 |
| さる3 | 「大きな木になって」 |
| さる1 | 「甘い柿の実がざらんざらんなるんだ」 |
| さる2 | 「おにぎりは、1回食べたらおしまいだけど……」 |

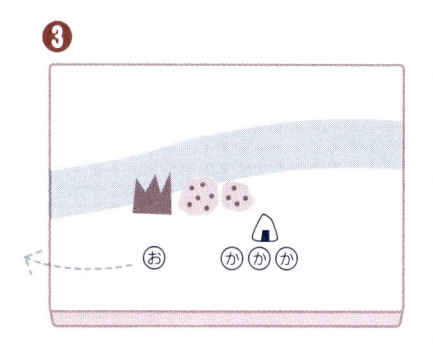

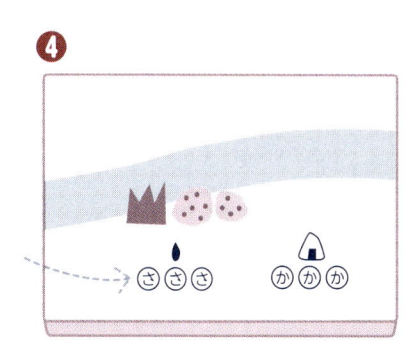

| | |
|---|---|
| さる❸ | 「柿は、これから食べ放題」 |
| かに全員 | 「それはいいねぇ」 |

　　　　かに、うらやましそうに種を見る。さる、もったいぶって、

| | |
|---|---|
| さる全員 | 「いいだろう」 |
| さる❶ | 「特別に、そのおにぎりと取り替えてやってもいいぞ」 |
| かに❶ | 「本当？」 |
| さる❷ | 「ああ、かにどんは友達だからな」 |
| かに全員 | 「ありがとう、さるどん」 |

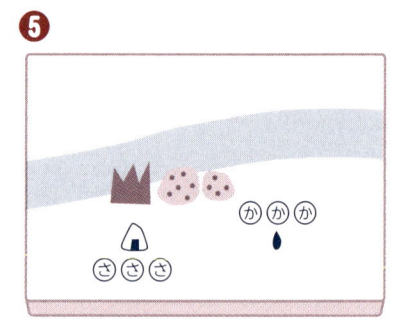

　　　　かに❸、さる❶と取り替えっこをする。
　　　　おにぎりを受け取ったさるたちは、舞台下手前方に移動。…❺

　　　　ないしょ話のように話す。かには気づかずに種を見ている。

| | |
|---|---|
| さる❶ | 「おばあさんからもらったなんて、でたらめさ」 |
| さる❷ | 「本当は、道で拾っただけ」 |
| さる❸ | 「かにどんを、まんまとだましてやった」 |

　　　　さる、下手に退場。かに、舞台前方で種をまく準備。
　　　　柿の木役は、柿の木のセットを舞台中央に設置してから、
　　　　セット後ろに待機。…❻

**セット変換：川岸→かにの家の前**

**［舞台上：かにの家の前］**

| | |
|---|---|
| かに❶ | 「さあ、土を掘るぞ」 |

　　　　かに❶＆❷、はさみで土を掘るポーズ。

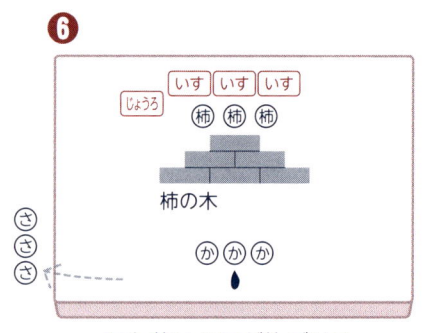

| | |
|---|---|
| かに❸ | 「種をまくよ」 |

石と草はかにが片づける。
川は柿の木役が片づける。

第1章　日本の昔話で楽しむ 劇あそび脚本

種を観客に見せてから、穴に入れる。かに❶、土をかける。
その間に、かに❷、セット後ろからじょうろを出す。…❼

|かに❷|「水をたっぷりやって……」|
|かに全員|「これで、よし」|

かにたち、土に向かって歌い出す。

かに全員 歌♪　『はやく　めをだせ　かきのたね
「かにの種まきうた」　　ださぬと　はさみで　ほじくるぞ』
（１番）　　　　　　　（２回繰り返し）

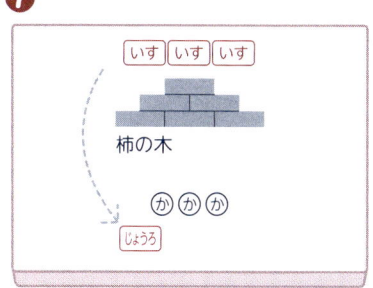

❼

じょうろは本物を用意する。

**ワンポイント**

柿の木が育っていく場面が見せ場なので、セットをスムーズに変換するのがポイントです。

不思議なＢＧＭが流れて、柿の木役が

**セット変換：柿の木Ａ**　…❽

|柿の木|「ほじくられては、かなわんかなわん」|
|かに❶|「あっ、芽が出た！」|
|かに全員|「やったあ」|

かに、また歌い出す。

かに全員 歌♪　『はやく　きになれ　かきのたね
「かにの種まきうた」　　ならぬと　はさみで　ちょんぎるぞ』
（２番）　　　　　　　（２回繰り返し）

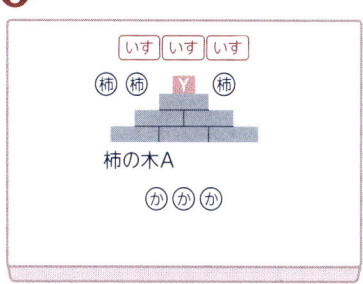

❽

柿の木Ａ：すべて茶色の面を見せ、
　　　　　芽の箱を載せる。

不思議なＢＧＭが流れて、柿の木役が

**セット変換：柿の木Ｂ**　…❾

|柿の木|「ちょん切られては、かなわんかなわん」|
|柿の木❷|「わーい、木になったぞ」|
|柿の木全員|「やったぁ」|

かに、また歌い出す。

❾

柿の木Ｂ：上の２箱を回転させて
　　　　　緑の面を見せる。

⑤ さるかに

| かに全員 歌♪ | 『はやく みがなれ かきのたね |
| --- | --- |
| 「かにの種まきうた」 | ならぬと はさみで ちょんぎるぞ』 |
| （3番） | （2回繰り返し） |

　　　　　　　　不思議なＢＧＭが流れて、柿の木役が

　　　　　　　セット変換：柿の木Ｃ　…⑩

❿

柿の木Ｃ：実をつけた柿の木役が木の前に立つ。

| 柿の木 | 「ちょん切られては、かなわんかなわん」 |
| --- | --- |
| かに全員 | 「やったあ、実がなったぞ」 |

　　　　　かにたち、舞台前方に整列して歌う。後ろで柿の木役も歌う。

| かに全員 歌♪ | 『やったぁ やったぁ みがなった |
| --- | --- |
| 「豊作喜びうた」 | やったぁ やったぁ みがなった |
| | ちいさな ちいさな かきのたね |
| | おおきな おおきな きになって |
| | ざらん ざらんと みがなった』 |

　　　　　　　そこに、下手よりさる登場。…⓫

⓫

| さる❶ | 「これはこれは、なんと見事な柿だろう」 |
| --- | --- |
| さる❷ | 「山一番の柿の木だ」 |
| さる❸ | 「柿もぎを手伝ってやろうか」 |
| かに❶ | 「それは、ありがたい」 |
| かに❷ | 「木登り名人のさるどんが手伝ってくれれば大助かりだ」 |
| かに❸ | 「ぜひ、頼むよ」 |
| さる全員 | 「まかせておけ」 |

　　　　　　　さる、木に登る感じで、いすに上る。…⓬

⓬

| さる❶ | 「これは、甘くておいしそうだ」 |
| --- | --- |
| さる❷ | 「1つ、味見をするか」 |
| さる❸ | 「では、わしも」 |

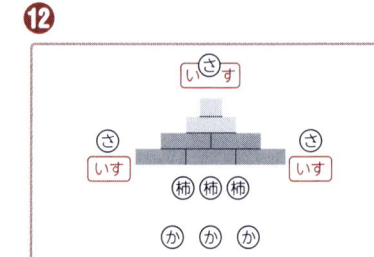

第1章　日本の昔話で楽しむ 劇あそび脚本

さるたち、柿を食べ始める。柿の木役、いやがって枝を揺らす。
かにたち、木の周りをうろうろしながら、…⑬

|かに❶|「さるどんさるどん、自分たちだけ食べていないで、わしらにも、取っておくれよ」|
|かに❷|「うまそうなやつを１つ、投げておくれよ」|
|かに❸|「早く、早く」|

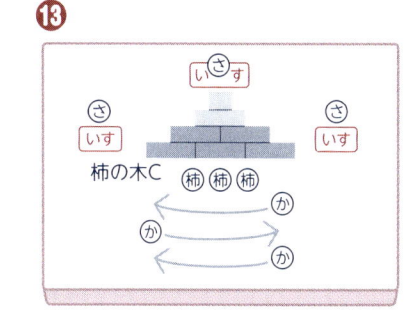

さるたち、面倒そうにかにを見て、

|さる❶|「うるさいやつらだな」|
|さる❷|「そんなに言うなら、取ってやる」|
|さる❸|「それっ」|

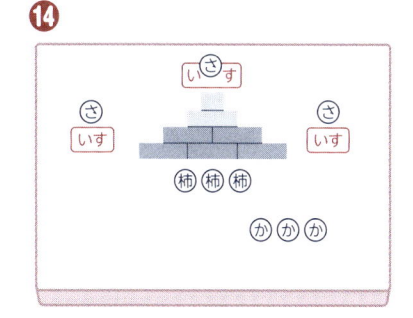

さる、青い柿の実を投げる。…⑭

|かに❶|「あーっ」|

かに❶、倒れる。かに❷＆❸、かけ寄る。

|かに❷|「大丈夫？」|
|かに❸|「しっかりして」|
|かに❷＆❸|「誰か、助けてー」|
|さる❸|「しまった」|
|さる❶＆❷|「逃げろ、逃げろ」|

さるたち、あわてて下手（しもて）に逃げ出す。
入れ替わりに上手（かみて）から、はち・くり・うす・きね登場。…⑮

|はち❶|「どうしたんだい、かにどん？」|
|くり❶|「けがをしているじゃないか」|
|きね|「これはひどい」|

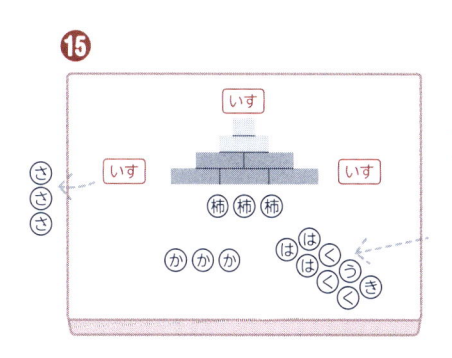

5 さるかに

| | |
|---|---|
| かに❶ | 「さるに柿をぶつけられたんだ」 |
| かに❷ | 「ぼくたちにも取ってって言っただけなのに……」 |
| かに❸ | 「謝りもしないで、逃げていったんだ」 |
| はち❷ | 「なんて、悪いやつだ」 |
| くり❷ | 「さるを追いかけよう」 |
| はち❸ | 「どっちに逃げていった？」 |

　　　　　　ナレーター（小鳥）登場。…⓰

| | |
|---|---|
| ナレーター❶ | 「わたしたち、さるの家を知っています」 |
| ナレーター❷ | 「案内しましょう」 |
| うす | 「よーし、みんなでさるを懲らしめに行こう」 |
| くり❸ | 「出発だ！」 |
| 全員 | 「えいえいおー」 |

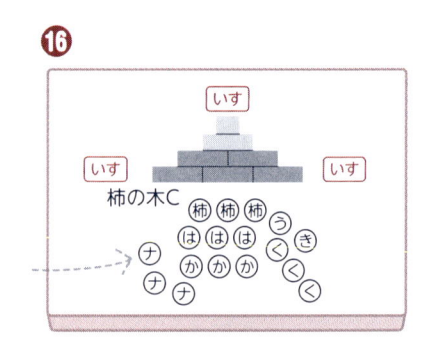

　　　全員、歌いながら舞台上を歩き回る。かに退場。
　　　その間に、柿の木役がセット変換。その後、退場。…⓱

> **セット変換：かにの家の前→さるの家**

**全員 歌♪**
「かにのあだうちうた」

『かにどん　かにどん　どこへいく
いじわるざるを　こらしめに
くり　はち　うす　きね　すけっとに
めざすは　やまおく　さるのいえ』
（２回繰り返し）

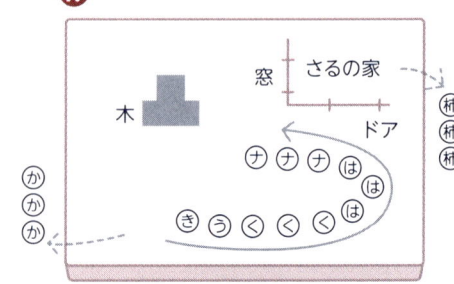

さるの家のセットは
柿の木役が出す（歌のあとで）。

**［舞台上：さるの家］**

| | |
|---|---|
| ナレーター❶ | 「ここが、さるの家です」 |
| ナレーター❷ | 「ちょっと、様子を見て来ましょう」 |

　　　ナレーターたち、そっと家に近づき、
　　　なかの様子をうかがってから
　　　戻って来る。…⓲

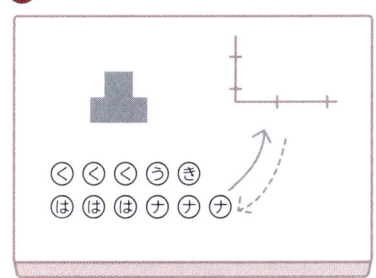

第1章　日本の昔話で楽しむ 劇あそび脚本

| | |
|---|---|
| ナレーター❸ | 「さるは、まだ帰っていないようですよ」 |
| うす | 「では、みんな、隠れよう」 |
| きね | 「さるが帰ってきたら、飛び出して驚かすんだ」 |

> **セット回転：柿の木役とナレーターが さるの家を回転させる**

| | |
|---|---|
| くり❶ | 「ぼくたちは、囲炉裏のなかに隠れるよ」 |

　　　　　くり、囲炉裏のなかに隠れる。

| | |
|---|---|
| はち❶ | 「わたしたちは、水がめのなかに隠れよう」 |

　　　　　はち、水がめの後ろに隠れる。

| | |
|---|---|
| うす | 「ぼくたちは、入り口で見張りをするよ」 |

　　　　　うす＆きね、入り口そばの木やドアの後ろに隠れる。
　　　　　ナレーターは定位置に戻る。…⓳

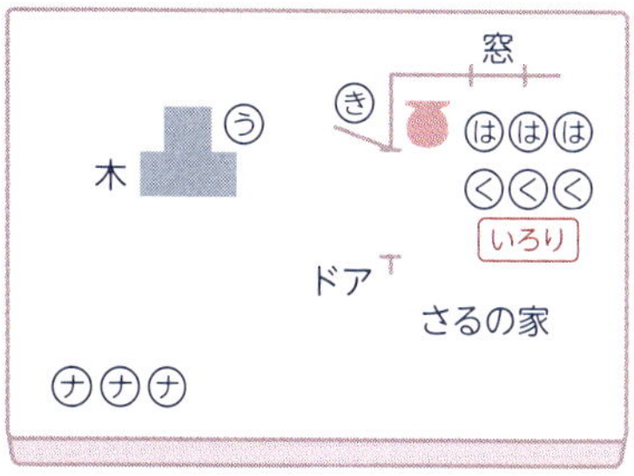

| | |
|---|---|
| ナレーター❶ | 「みんな、上手に隠れました」 |
| ナレーター❷ | 「あとは、さるが帰って来るのを待つだけ」 |
| ナレーター❸ | 「あっ、帰って来た！」 |

　　　　　ナレーター、舞台隅に隠れる。
　　　　　さる、下手から登場。…⓴

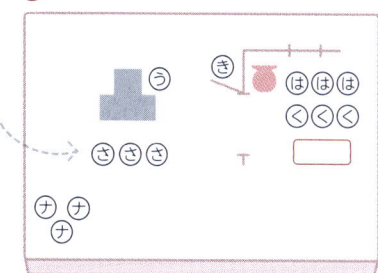

| | |
|---|---|
| さる❶ | 「ここまで来れば、もう安心」 |
| さる❷ | 「誰も、追いかけて来れないさ」 |
| さる❸ | 「早く、囲炉裏で温まろう」 |

　　　　　さる、家に入り、囲炉裏に手をかざす。
　　　　　そのとたん、くりが飛び出す。…㉑

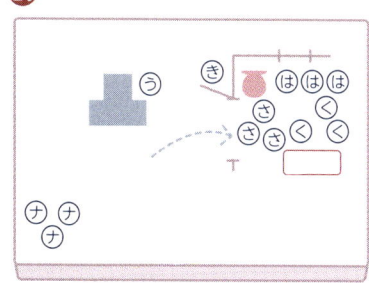

| | |
|---:|:---|
| くり全員 | 「パッチーン」 |
| さる全員 | 「うわぁ」 |

　　　　さる、水がめにかけ寄る。はち、飛び出す。

| | |
|---:|:---|
| はち全員 | 「ブーン、チクリチクリ」 |

　　　　はち、さるを追いかける。

| | |
|---:|:---|
| さる全員 | 「痛い、痛い」 |

　　　　さる、家の外に飛び出すと、きねにつまずいて転ぶ。
　　　　そこに、うすが登場してさるを押さえ込む。
　　　　きね・くり・はちも周りを取り囲む。…㉒

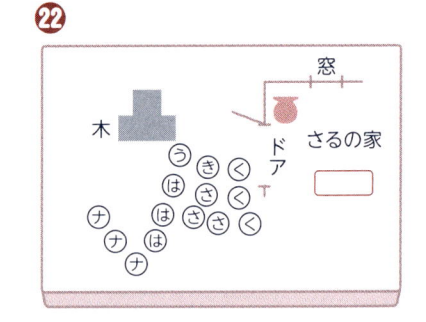

| | |
|---:|:---|
| うす | 「いたずらさるを、生け捕ったぞ」 |
| 全員 | 「えいえいおー」 |
| さる❶ | 「まいりました」 |
| さる❷ | 「かにどんに、謝ります」 |
| さる❸ | 「どうか、許してください」 |

　　　　全員、舞台上に整列。

> **セット回転：さるの家を回転させて隅に寄せる**

　　　　さるとかに、最前列に並んで、…㉓

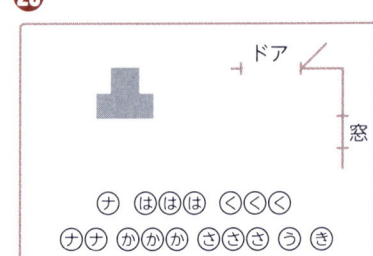

| | |
|---:|:---|
| さる全員 | 「かにどん、本当にごめんなさい」 |
| かに❶ | 「もう二度と、悪さをするなよ」 |
| かに❷ | 「今度悪さをしたら、はさみでしっぽを……」 |
| かに❸ | 「ちょん切るぞ」 |
| さる全員 | 「ひゃあー」 |

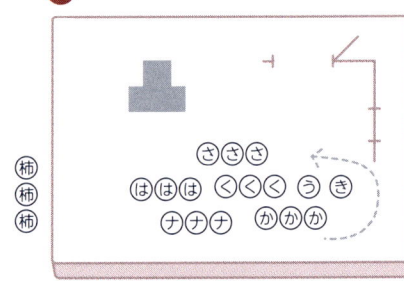

　　　　さる、おしりを押さえて、列の後ろに逃げる。みんな笑顔。…㉔

| | |
|---|---|
| ナレーター全員 | 「これで、めでたしめでたし、だね」 |

　　　　　　　　　柿の木役、登場。みんなで、歌いながら柿の実を取る。

| | |
|---|---|
| 全員 歌♪<br>「豊作喜びうた」 | 『やったぁ　やったぁ　みがなった<br>やったぁ　やったぁ　みがなった<br>ちいさな　ちいさな　かきのたね<br>おおきな　おおきな　きになって<br>ざらん　ざらんと　みがなった』 |

　　　　　　　　　　　　　　―歌が流れるなか、幕―

> **ワンポイント**
>
> 一度幕をとじたあと、再度幕を開いて、全員で締めの挨拶をする演出もあります。
> （例）「○○組の劇『さるかに』はこれでおしまいです。ありがとうございました」

## かにの種まきうた
作詞・作曲　わたなべ　めぐみ

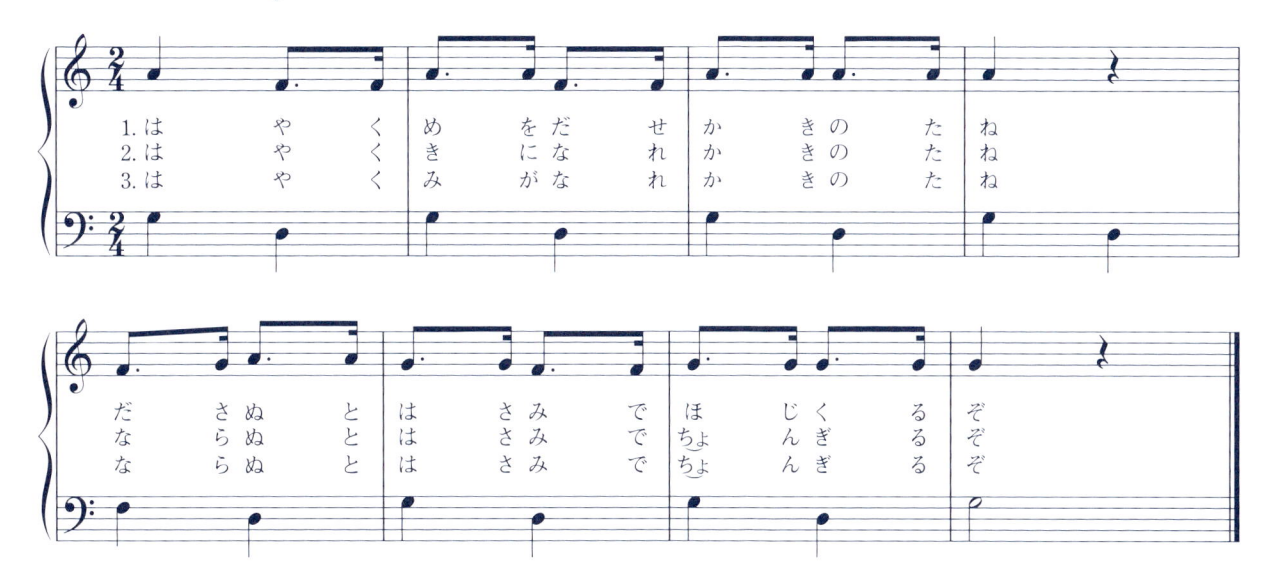

1. はやく　めをだせ　かきのたね
　　だなさぬとと　ははさみでで　ほちょじんぎるる　ぞぞ
2. はやく　きになれ　かきのたね
3. はやく　みがなれ　かきのたね

5 さるかに

## 豊作喜びうた  作詞・作曲 わたなべ めぐみ

やったぁ やったぁ みがなった やったぁ やったぁ みが
なった― ちいさな ちいさな かき
のたね― おおきな おおきな になって
ざらん ざらんと みがなった―

## かにのあだうちうた  作詞・作曲 わたなべ めぐみ

かにどん かにどん どこへいく いじわるざるを こらしめ
に くり はち うすきね すけっと
に― めざすは やまおく さるのいえ―

# 第2章

# 世界の昔話で楽しむ劇あそび脚本

わくわくドキドキが
いっぱい詰まった世界の昔話を、
楽しい劇あそび脚本にしました。

劇を盛り上げる演出の
ポイントが満載の
脚本の数々をご紹介します。

## 劇あそびシナリオ No.6

ドイツの昔話（グリム童話）

# 金のおのと銀のおの

対象年齢：4・5歳児　　人数：15～20人

> 貧しいきこりが大事なおのを泉に落とすと、女神が現れておのを拾ってくれます。が、それはピカピカの金のおのでした……。「正直者は幸せになる」という昔話の教訓を、幼児にもわかりやすく脚色しました。

| 登場人物 | | | | | | | |
|---|---|---|---|---|---|---|---|
| ナレーター(りす) | 3 | きこりA | 1 | きこりB | 1 | いぬA | 1 |
| いぬB | 1 | きつつき | 2 | くま | 2 | もぐら | 2 |
| 女神 | 3 | | | | | | |

※動物はほかのもの（しか・さる・たぬき・きつねなど）でもOKです。

**場面設定**　【1幕2場】　森のなか ➡ 泉のほとり

## セット

### 木（×2）　材料／段ボール板

段ボール板に絵をかいて切り取り、裏側の左右に支柱をつける。

100～150cm

裏に支柱をつける

## 泉　材料／段ボール板、段ボール箱、裏地布（青）

①段ボール板で泉の枠を作り、色を塗る。裏側に段ボール箱をはりつける。

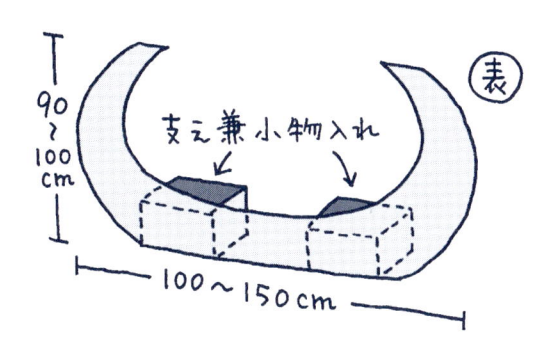

②裏側から青い裏地布を帯状にはる。

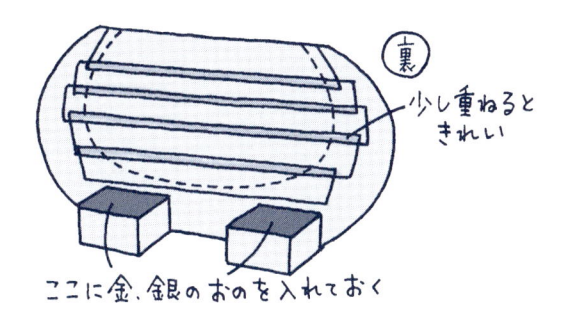

支え兼小物入れ／表／90～100cm／100～150cm

少し重ねるときれい／裏／ここに金、銀のおのを入れておく

＊水を表現する裏地布は、青と水色のグラデーションにするときれい！

③表側に草をはる。草は、段ボール板を切って色を塗る。

草

### ワンポイント
裏地布の透き間から魚のペープサートを出して、泳がせても楽しい！裏側から魚を泳がせるのは、待機している女神役が担当します。

色画用紙＋厚紙／割りばし

＊女神は泉のセットの後ろで座って待機し、台に乗って登場します。

台

**⑥ 金のおのと銀のおの**

## 小道具

### おの　材料／段ボール板、ボール紙、色画用紙（黒・こげ茶）、金紙、アルミホイル（銀紙）

①ボール紙を丸めて筒を作り、黒い色画用紙をはる。ラップなどの芯を使ってもよい。

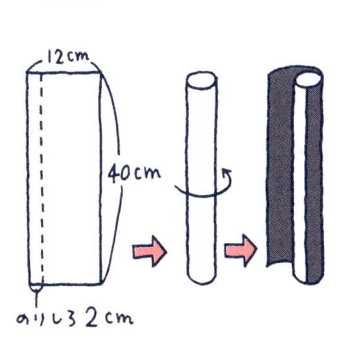

②①の筒に切り込みを入れる。

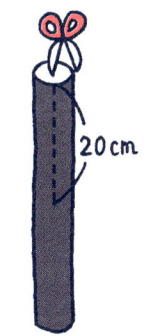

③段ボール板を3枚切って黒い色画用紙をはり、それぞれの刃の部分にこげ茶色の色画用紙、金紙、アルミホイル（銀紙）をはる。

④筒の切り込みに③の刃を差し込み、内側からテープなどで固定する。ふたを作ってはりつけ、上部をふさぐ。

12cm／40cm／のりしろ2cm

20cm

15cm／20cm／3枚／金／アルミホイル／こげ茶

下もふさいでOK

## 苗木　材料／段ボール板、色画用紙、割りピン1本

①枝は段ボール板を切り、色を塗る。色画用紙で葉っぱを作り、はりつける。

②段ボール板を丸く切って土台を作り、真んなかに穴を開けて割りピンを刺す。

③枝を土台の割りピンではさんで固定し、自立させる。

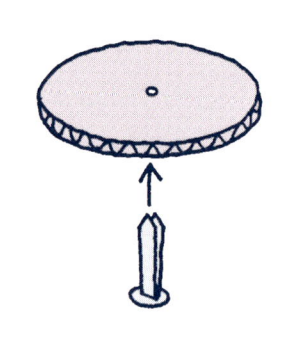

枝　葉っぱ5〜6枚

割りピンではさむ

## 衣装

### 動物たち

基本のスモック（作り方は141ページ参照）と帽子（作り方は140ページ参照）を作り、それぞれに合わせたしっぽと耳をつける。

❖ **衣装**　材料／布（不織布でも可）、綿ロープ（ひも）、綿

❖ **帽子**　材料／布（伸縮性のあるもの）、フェルト、綿、動眼2個（きつつきのみ）

### りす

**しっぽ**
布を細いだ円形に切り、綿をはさんで周りをかがる。太い方を丸めてスモックに縫いつける。

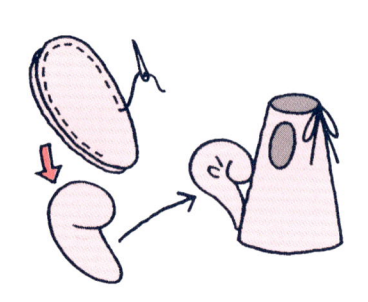

### くま

ピンクのフェルト

**しっぽ**
布を丸く切って周りを並縫いし、綿を詰めながら口を絞って縫いとじ、スモックに縫いつける。

綿

第2章　世界の昔話で楽しむ 劇あそび脚本

## いぬ

しっぽ
布を細長く切り、周りをかがって裏返し、綿を詰めてスモックに縫いつける。

## もぐら

しっぽ
布を三角形に切り、周りをかがって裏返し、綿を少し詰めてスモックに縫いつける。

## きつつき

動眼

フェルトのくちばし

フリンジ付きスモック
不織布のフリンジをスモックにはりつける。

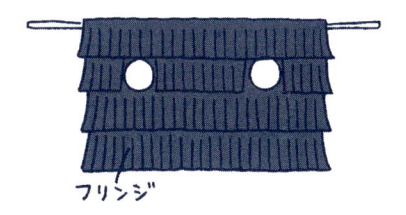

フリンジ

**6 金のおのと銀のおの**

## 女神

❖ **ロングスカート**　材料／裏地布（水色）、平ゴム

①裏地布2枚を筒状に縫う。

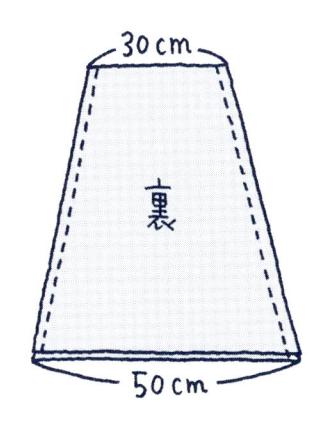

30cm / 裏 / 50cm

②ウエスト部分を3つ折りにして、平ゴムをはさみ込んで縫い、裏返す。

表

＊丈は子どもの身長に合わせ、床すれすれになるように作りましょう。

＊すそはそのままでOKですが、気になるようならかがり縫いをしておきます。

❖ **ストール**　材料／裏地布

裏地布を長方形に切る（90cm幅を2つ折りにしてもよい）。

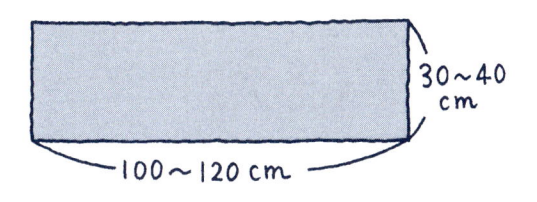

30～40cm / 100～120cm

### ❖冠　材料／銀ボール紙（なければ厚紙に銀紙をはる）、輪ゴム、毛糸（極太・黄）

①銀ボール紙を帯状に切り、お面と同様に輪ゴムをつける。

②黄色の毛糸で編んだ三つ編みをたくさん作り、①の帯の裏側に三つ編みのAの部分をはる。

＊厚紙を使う場合は、ここで銀紙をはっておきます。

＊編み始めは輪ゴムでとめます。編み終わりはそのままに。自然にほどける感じがかわいい！

ストールはピンやブローチでとめる

スパンコールを縫いつけるとキラキラ感UP！

＊泉の女神なので、色は水色または青などのブルー系がおすすめ。3人とも同じ衣装ですが、変化をつけたいなら、ブルー系の色違いにするとよいでしょう。

**ワンポイント**
三つ編みの端の部分を帯にはりつけると、内側に膨らみがなくなり、かぶったときに違和感がなくなります。

## きこりA&B

❖衣装　材料／布（不織布でも可）

❖帽子　材料／布（伸縮性のあるもの）

ベスト（作り方は141ページ参照）と帽子（作り方は140ページ参照）を作る。

❖スカーフ　材料／木綿生地または裏地布

布を三角形に切る。端がほつれる場合はミシンでかがる。

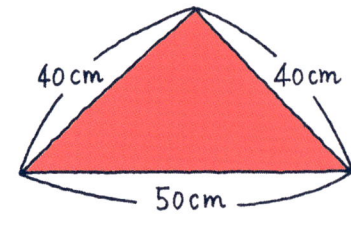

40cm　40cm　50cm

帽子はかぶると自然に先が折れる

スカーフはカウボーイ結び

ズボンは茶or黒

### 衣装の色
AとBは色違いに作りましょう。
（例）

|   | ベスト | 帽子 | スカーフ |
|---|---|---|---|
| A | 緑 | 緑 | 赤 |
| B | 茶 | 茶 | 黄 |

# ドイツの昔話（グリム童話） 金のおのと銀のおの シナリオ

| 言葉・動きの中心となる役 | 劇の進め方・舞台の配置・動き・せりふなど |
|---|---|
| | **[舞台上：森のなか]**<br><br>泉のほとりで、きこり**A**が鉄のおので木を切っている。<br>いぬは穴を掘って苗木を植えている。<br>ナレーター（りす）登場。きこり**A**＆いぬ**A**を見ながら…❶ |
| ナレーター(りす)**1** | 「きこりさんは、本当に働き者だなぁ」 |
| ナレーター**2** | 「でも、毎日木を切ったら、森がなくなっちゃうんじゃないの？」 |
| ナレーター**3** | 「だから、新しい木を植えているんだよ」 |
| ナレーター**2** | 「あっ、そうか」 |
| ナレーター**1** | 「森を守るのも、きこりさんの仕事なんだよ」 |
| ナレーター**2** | 「わたしたちも、お手伝いしましょう」 |
| ナレーター**3** | 「さんせーい」 |
| | ナレーター、きこり**A**のそばに移動。…❷ |
| ナレーター全員 | 「きこりさん、おはよう」 |
| きこり**A** | 「やあ、りすさん、おはよう」 |
| いぬ**A** | 「おはよう」 |
| ナレーター**1** | 「なにか、お手伝いさせて」 |
| ナレーター**2** | 「どんぐりを集めるとか、まつぼっくりを集めるとか……」 |
| ナレーター**3** | 「ぼくたち、集めるのが得意なんだ」 |
| きこり**A** | 「それなら、落ちた木の枝を集めておくれ」 |
| ナレーター全員 | 「はーい」 |
| | ナレーター、木の枝を拾う。上手（かみて）からきつつき登場。 |

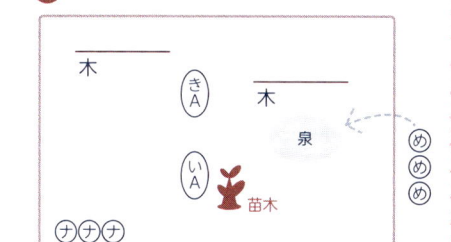

❶
女神は泉のセット裏で待機。

❷

| | |
|---|---|
| きつつき**1** | 「きこりさん、この木にはふくろうの巣があるんだ」 |
| きつつき**2** | 「切るなら、こっちの木がいいよ」 |
| | 下手（しもて）からくま登場。…❸ |
| くま**1** | 「おれたちは、森一番の力持ち」 |
| くま**2** | 「重たいものなら、まかせろ」 |
| | 木のセット裏から、もぐら登場。…❹ |
| もぐら**1** | 「穴掘りなら、ぼくらにまかせて」 |
| もぐら**2** | 「木の根っこも掘り出せるよ」 |
| きこり**A** | 「みんな、ありがとう」 |
| | 全員、それぞれの場所で働きながら歌い出す。 |
| 全員 歌♪<br>「森の仲間」 | 『 **1番** みんな　もりの　なかま<br>みんな　はたらきもの<br>さあ　ちから　あわせて<br>もりを　まもろう<br><br>**2番** みんな　もりの　なかま<br>みんな　しょうじきもの<br>さあ　こころ　あわせて<br>もりを　そだてよう』 |
| きこり**A** | 「あーっ」 |
| | 木を切ろうとしたきこり**A**が、手をすべらせて泉におのを落としてしまう。…❺<br>効果音♪　ザッブーン<br>きこり**A**＆いぬ**A**、ひざまずいて泉をのぞき込み、 |

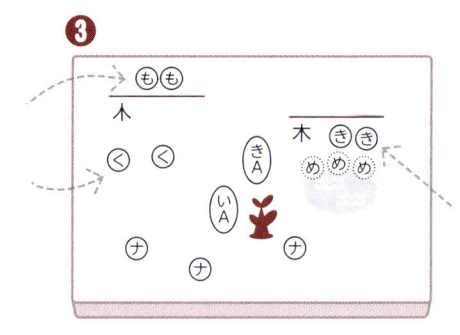

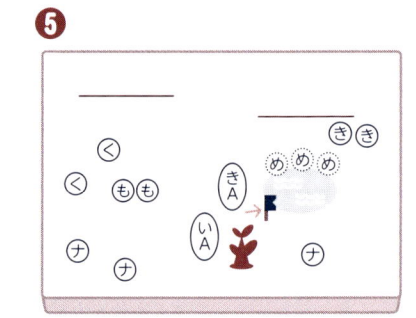

| | |
|---|---|
| きこり🅐 | 「大事なおのが……」 |
| いぬ🅐 | 「沈んでいく……」 |
| 動物全員 | 「えーっ」 |

> セット移動：泉を全員で中央に移動

動物たちも、かけ寄って泉をのぞき込む。…❻

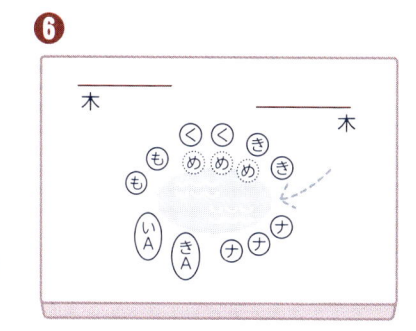

### ［舞台上：泉のほとり］

| | |
|---|---|
| 全員 | 「どうしよう、困ったな」 |

BGM「女神さまのテーマ」　　すると、不思議なBGMが流れて、泉から3人の女神登場。…❼

| | |
|---|---|
| 女神❶ | 「わたしたちは、この泉の女神です」 |
| 女神❷ | 「お前たちは、なにを困っているのですか」 |
| きこり🅐 | 「大事なおのを、この泉に落としてしまいました」 |
| いぬ🅐 | 「おのがないと、木を切ることができません」 |
| 動物全員 | 「それで、困っています」 |
| 女神❸ | 「わかりました。ちょっと待っていなさい」 |

BGM「女神さまのテーマ」　　不思議なBGMが流れて、女神が消えたかと思うと、おのを持って、また現れる。3人の女神は、それぞれ金・銀・鉄のおのを持っている。

| | |
|---|---|
| 女神❶ | 「お前が落としたのは、この金のおのですか？」 |
| きこり🅐 | 「いいえ。わたしが落としたのは、そんな立派な金のおのではありません」 |
| 女神❷ | 「では、お前が落としたのは、この銀のおのですか？」 |
| きこり🅐 | 「いいえ。わたしが落としたのは、そんな立派な銀のおのではありません」 |
| 女神❸ | 「では、お前が落としたのは、この鉄のおのですか？」 |
| きこり🅐 | 「はい、それです。わたしが落としたのは、その使い古しの鉄のおのでございます」 |

女神3人、顔を見合わせてうなずいてから、

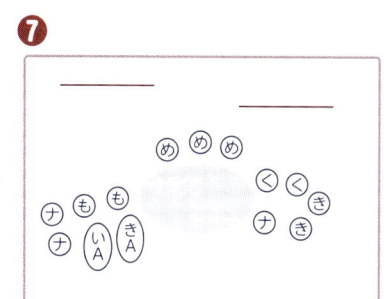

| | |
|---:|---|
| 女神3 | 「お前はなんて正直者なのでしょう」 |
| 女神1 | 「正直者のごほうびに、この金のおのと」 |
| 女神2 | 「銀のおのも」 |
| 女神全員 | 「お前にあげましょう」 |

　　　　　　　女神、きこりA＆いぬAに、おのを渡す。

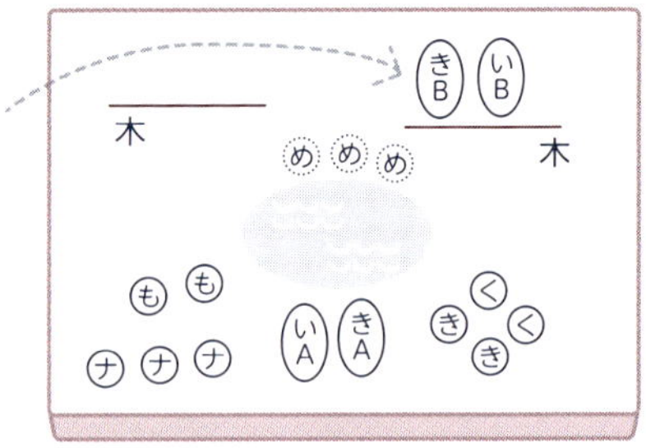

| | |
|---:|---|
| きこりA | 「ありがとうございます、女神さま」 |
| 動物全員 | 「ありがとうございます」 |

BGM「女神さまのテーマ」　　不思議なBGMが流れて、女神が泉に消える。
　　　　　　　木のセットの後ろできこりB＆いぬBが隠れて見ている。…❽

| | |
|---:|---|
| 動物全員 | 「よかったね、きこりさん」 |
| きこりA | 「こんな立派なおのをもらったんだから、もっともっとがんばって働くよ」 |

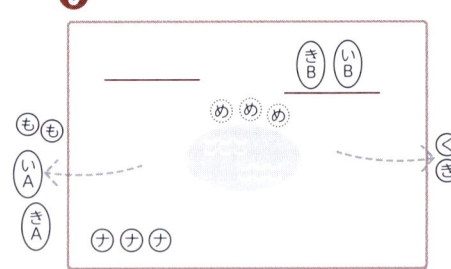

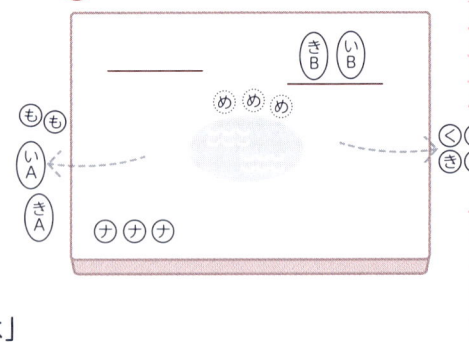

　　　　　　　きこりA＆いぬAと動物たち、
　　　　　　　上手（かみて）と下手（しもて）にそれぞれ退場。
　　　　　　　ナレーターは定位置に戻る。…❾

| | |
|---:|---|
| ナレーター1 | 「泉に女神さまがいたなんて、びっくりしたよ」 |
| ナレーター2 | 「おのをもらうことができて、本当によかったね」 |
| ナレーター3 | 「でも、めでたしめでたしじゃないみたいだよ」 |
| ナレーター1＆2 | 「どうして？」 |
| ナレーター3 | 「ほら、あそこ」 |

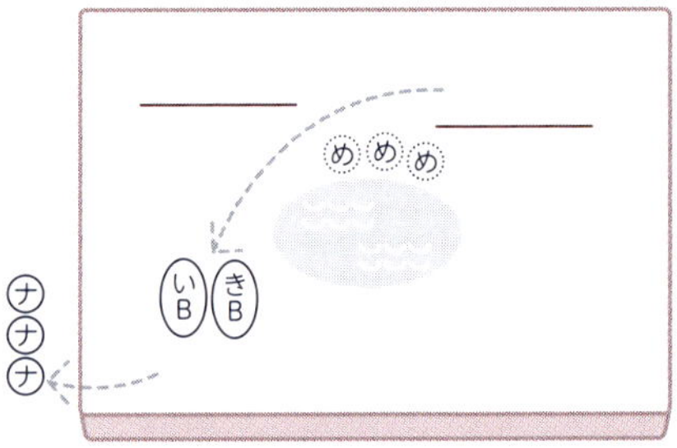

　　　　　　　ナレーター3が舞台を指さすと、
　　　　　　　きこりB＆いぬB登場。
　　　　　　　その後、ナレーター退場。…❿

| | |
|---:|---|
| きこりB | 「おい、見たか」 |
| いぬB | 「見た見た」 |

| | |
|---|---|
| きこり🅑 | 「ぼろぼろの鉄のおのを落としたら……」 |
| いぬ🅑 | 「女神さまが現れて、金のおのと銀のおのをくださった」 |
| きこり🅑 | 「これはひとつ、おれたちも試してみることにしよう」 |
| いぬ🅑 | 「ワン！」 |

きこり🅑＆いぬ🅑、わざとおのを泉に落として騒ぎ出す。

| | |
|---|---|
| きこり🅑 | 「あーっ、大変だー。大事なおのが落ちてしまったぞ」 |
| いぬ🅑 | 「これは大変、ああ大変」 |
| きこり🅑＆いぬ🅑 | 「困った、困った」 |
| BGM「女神さまのテーマ」 | すると不思議なBGMが流れて、泉から女神登場。…⑪ |
| 女神❶ | 「わたしたちは、この泉の女神です」 |
| 女神❷ | 「なにを困っているのですか」 |
| きこり🅑 | 「大事なおのが泉に落ちてしまったのです」 |
| いぬ🅑 | 「すごく大事なおのなんです」 |
| 女神❸ | 「わかりました。ちょっと待っていなさい」 |
| BGM「女神さまのテーマ」 | 不思議なBGMが流れて、女神が消えたかと思うと、金・銀・鉄のおのを持ってまた現れる。 |
| 女神❶ | 「おまえが落としたのは、この金のおのですか」 |
| きこり🅑 | 「はい、そうです、女神さま」 |

きこり🅑が手を出すと、

| | |
|---|---|
| 女神全員 | 「うそつき」 |
| 女神❸ | 「お前にあげるおのはありません」 |

女神、あっという間に消える。

| | |
|---|---|
| きこり🅑 | 「待ってください、女神さま」 |

| | |
|---|---|
| いぬ❷ | 「せめて、鉄のおのだけでも」 |
| きこり❷＆いぬ❷ | 「返してくださーい」 |

　　　　　　泉のほとりでオンオン泣いていると、きこり🅐
　　　　　　＆いぬ🅐のほか、動物たちが全員登場。…⑫

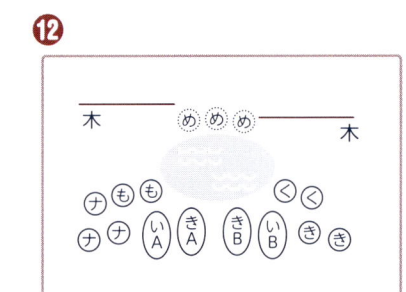

| | |
|---|---|
| くま❶＆❷ | 「ひとまねするから、いけないんだよ」 |
| きつつき❶＆❷ | 「うそをつくから、いけないんだよ」 |
| もぐら❶＆❷ | 「欲張るから、いけないんだよ」 |
| きこり🅐 | 「でも、おのがないと困るだろう。1本あげるよ」 |

　　　　　　金・銀・鉄のおのを差し出す。きこり❷、おそるおそる、

| | |
|---|---|
| きこり❷ | 「では、鉄のおのを」 |
| いぬ🅐 | 「あれ、金のおのじゃなくていいの？」 |
| きこり❷ | 「とんでもない。もう、欲張りはこりごりだよ」 |
| いぬ❷ | 「ワン」 |
| 全員 | 「ワッハッハッハッ」 |
| ナレーター❶ | 「というわけで、それからこの森は、正直者と働き者ばかりになりましたとさ」 |
| ナレーター❷＆❸ | 「めでたし、めでたし」 |
| 全員 歌♪<br>「森の仲間」 | 『 1番 みんな　もりの　なかま<br>みんな　はたらきもの<br>さあ　ちから　あわせて<br>もりを　まもろう<br><br>2番 みんな　もりの　なかま<br>みんな　しょうじきもの<br>さあ　こころ　あわせて<br>もりを　そだてよう』 |

　　　　　　　　　　　　　　　　　　　　　　　　　　—幕—

## 森の仲間　作詞・作曲　わたなべ　めぐみ

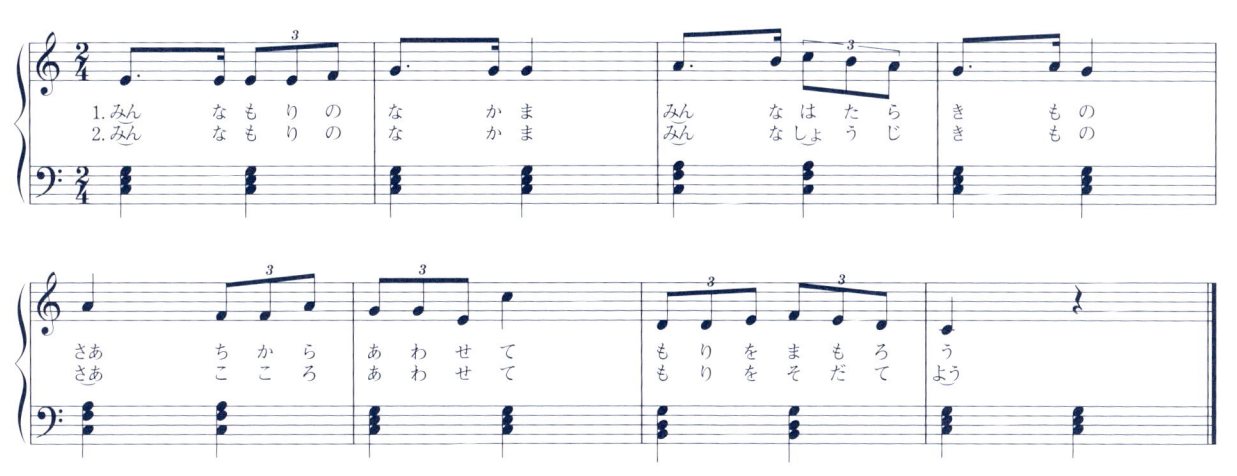

1. みんな もりの なかま みんな はたらきもの
2. みんな もりの ななかま みんな しょうじきもの

さあ ちからを あわせて もりを まもろう
さあ こころ あわせて もりを そだてよう

## 女神さまのテーマ（BGM）　作曲　わたなべ　めぐみ

劇あそび
シナリオ
No.7

イソップ物語
# 町のねずみと田舎のねずみ

○ 対象年齢：4・5歳児　　○ 人数：20〜30人

> のんびりした田舎暮らしに退屈した田舎ねずみは、町ねずみに誘われて都会に出かけますが……。幸せは身近なところにある、ということに気づかされるお話です。

| 登場人物 | ナレーター（はと）——3　田舎ねずみ——3　町ねずみ——3　うし——2 |
|---|---|
|  | ぶた——2　ひつじ——2　うま——2　ねこ——2 |
|  | いぬ——2 |
|  | ※動物役は、町の場面での大道具係を兼任します。 |
| 場面設定 | 【1幕3場】　牧場 ➡ 町 ➡ 牧場 |

## セット

### 木&ビル（大1小1・リバーシブル）　材料／段ボール板

段ボール板の表裏に絵をかき、木側の左右に支柱をつける。支柱にも絵をかくと立体的な感じになる。

## 草&車（リバーシブル）　材料／段ボール板、牛乳パック2～3個

段ボール板の表裏に絵をかき、草側の左右に支え用の牛乳パックをつける。動きをよくするために、牛乳パックに市販のキャスターをつけてもよい。

## ドア　材料／段ボール板

①段ボール板を切る。ドアが開くように切り込みを入れる。

②支え部分を後ろ側に折る。不安定なら、支柱をつける。

③色を塗って、取っ手の穴を開ける。

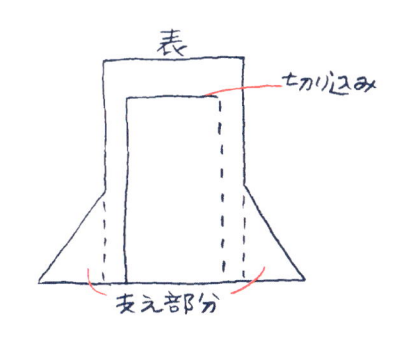

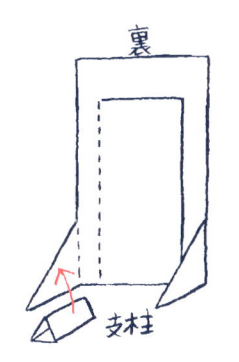

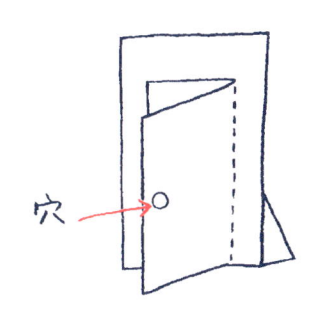

## 柵（×1～2）　材料／段ボール板

段ボール板を切り、色を塗る。裏側に支柱をつける。

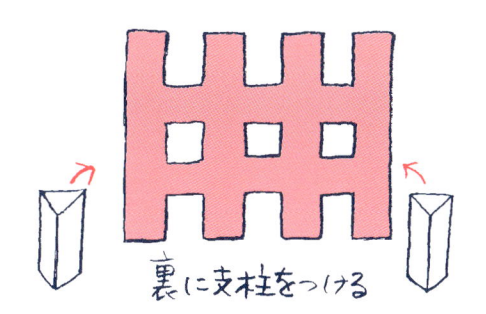

## 草（×1～2）　材料／段ボール板

段ボール板を切り、色を塗る。裏側に支柱をつける。

7　町のねずみと田舎のねずみ

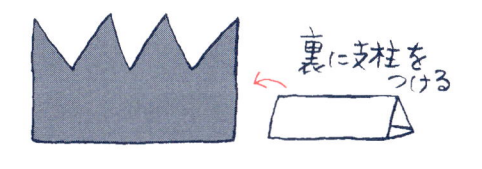

## 小道具

### テーブル　材料／段ボール板、牛乳パック、布
作り方は「こうのとりになった王さま」（122ページ）を参照。

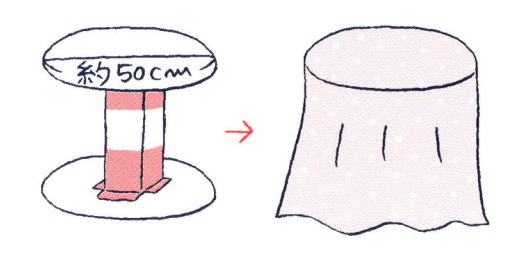

### ごちそう　材料／色画用紙、毛糸、紙皿など
色画用紙や毛糸でいろいろな食べ物を作って、紙皿の上に載せる。

＊ごちそうをテーブルに置くときは、紙皿の底にクラフトテープをつけて固定しておくと、動かしても落ちません。

## 衣装

### 田舎ねずみ&動物たち
ベスト（作り方は141ページ参照）と帽子（作り方は140ページ参照）、スカーフを作り、それぞれに合わせたしっぽと耳をつける。ベストはおしりが隠れるくらいの長さに作り、しっぽをつける。

❖ **衣装**　材料／布（不織布でも可）、綿ロープ（田舎ねずみ・ぶた）、毛糸（うま・うし・ひつじ）

❖ **スカーフ**　材料／木綿生地または裏地布

❖ **帽子**　材料／布（伸縮性のあるもの）、フェルト、綿

しっぽ
- 田舎ねずみ→綿ロープ 
- うま→太い毛糸を束ねたもの 
- うし→毛糸で編んだ三つ編み 
- ひつじ→毛糸のポンポン 
- ぶた→極太の綿ロープを丸め、重なる部分を縫いとめたもの

## 町ねずみ・ねこ・いぬ

基本のスモック（作り方は141ページ参照）と帽子（作り方は140ページ参照）を作る。町ねずみは飾りのポケットと綿ロープのしっぽをつける。ねこ＆いぬは、不織布を筒状に縫って綿を詰めたしっぽをつける。

❖ **衣装**　材料／布（不織布でも可）、綿ロープ（ひも）、綿（ねこ・いぬのみ）

❖ **帽子**　材料／布（伸縮性のあるもの）、フェルト、綿

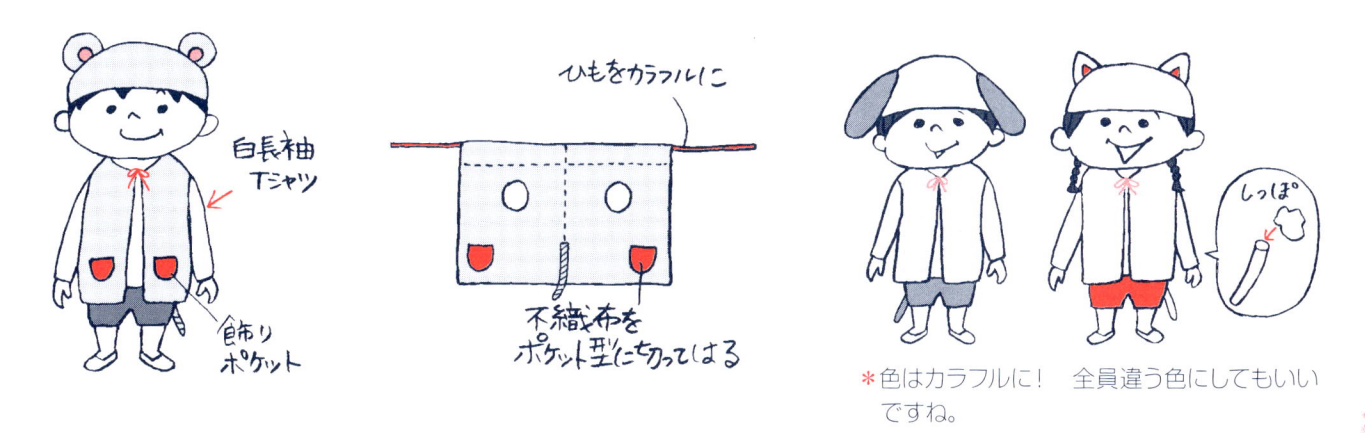

＊色はカラフルに！　全員違う色にしてもいいですね。

## はと

基本のスモック（作り方は141ページ参照）と帽子（作り方は140ページ参照）を作り、アレンジを加える。

❖ **衣装**
材料／布（不織布でも可）、綿ロープ（ひも）

白かグレーの布で基本のスモックを作り、フリンジをはりつける。フリンジは裏地布やニット、フリースなどの異素材を使うとおもしろい。

❖ **帽子**
材料／布（伸縮性のあるもの）、フェルト、綿、動眼2個

くちばしはフェルトを三角形に切り、周りをかがって裏返し、綿を詰めて帽子に縫いつける。動眼2個をはりつける。

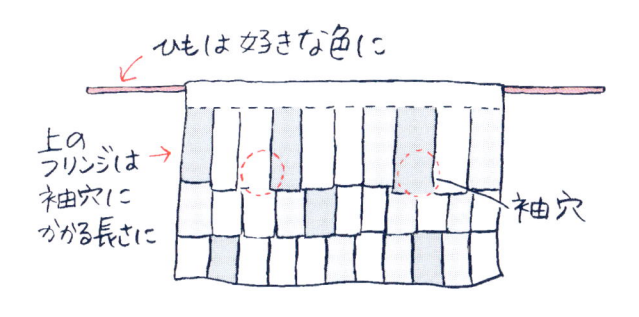

7 町のねずみと田舎のねずみ

# イソップ物語 町のねずみと田舎のねずみ シナリオ

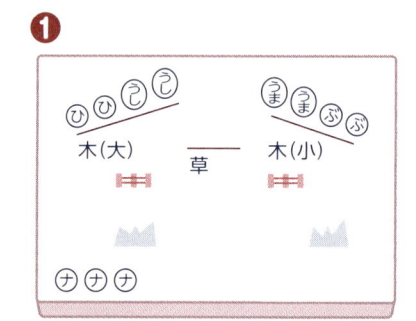

| 言葉・動きの中心となる役 | 劇の進め方・舞台の配置・動き・せりふなど |
|---|---|
| | [舞台上：牧場]<br><br>舞台上、牧場のセット。動物たちはそれぞれの定位置で待機。<br>ナレーター（はと）、下手より登場。…❶ |
| ナレーター(はと)❶ | 「みんな、おはよう」 |
| ナレーター❷ | 「おはよう」 |
| ナレーター❸ | 「きょうもいい天気だねぇ」 |
| ナレーター❶ | 「なにか、おもしろいことない？」 |
| ナレーター❷ | 「ないない」 |
| ナレーター❸ | 「な～んにもない」 |
| ナレーター❶ | 「田舎は平和だけれど……」 |
| ナレーター全員 | 「退屈だよねぇ」 |
| | 動物たち、待機場所から次々に登場。口々に「おはよう」と挨拶しながら整列。全員並んだら歌。歌のあと、ナレーターは下手に退場。…❷ |
| 動物たち全員 歌♪<br>「田舎暮らしのうた」<br>（1番） | 『かぜが　そよそよ　ふいている<br>おひさま　ぽかぽか　てっている<br>ほかには　なにも　ないけれど<br>きょうも　あすも　あさっても<br>いなかぐらしは　のんびり　つづく』 |
| うし❶ | 「きょうもいい天気だねぇ」 |
| ぶた❶ | 「なにか、おもしろいことない？」 |
| ひつじ❶ | 「ないない」 |
| うま❶ | 「な～んにもない」 |
| 田舎ねずみ全員 | 「田舎は平和だけれど……」 |

88

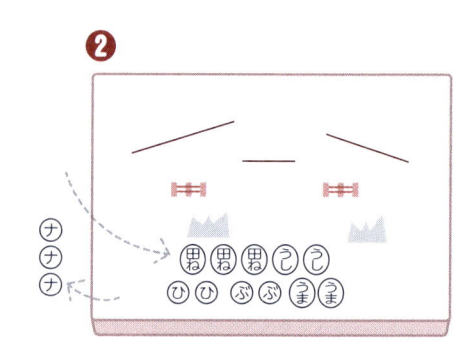

| | |
|---|---|
| 動物たち全員 | 「退屈だよねぇ」 |

　　　　　　　　その場に座り込む。が、うし❷、すぐに立ち上がる。…❸

| | |
|---|---|
| うし❷ | 「誰か、来るぞ」 |

　　　　　　　　上手（かみて）より、町ねずみ登場。動物たち、立ち上がる。
　　　　　　　　田舎ねずみ、舞台前方に出てくる。…❹

| | |
|---|---|
| 田舎ねずみ❶ | 「町ねずみ君じゃないか」 |
| 町ねずみ❶ | 「やあ、久しぶり」 |
| 田舎ねずみ❷ | 「君たちが田舎に来るなんて、めずらしいね」 |
| 田舎ねずみ❸ | 「きょうは、なんの用なの？」 |
| 町ねずみ❷ | 「別に、用はないけど」 |
| 町ねずみ❸ | 「たまには、のんびりしようと思って」 |
| 田舎ねずみ＆動物たち全員 | 「へぇー」 |
| 町ねずみ❶ | 「それにしても、ここはのんびりしてるねぇ」 |
| 町ねずみ❷ | 「なにか、おもしろいことない？」 |
| ひつじ❷ | 「ないない」 |
| うま❷ | 「な〜んにもない」 |
| うし❷ | 「田舎は平和だけれど……」 |
| 動物たち全員 | 「退屈だよねぇ」 |
| 町ねずみ❶ | 「そんなに退屈なら、町に遊びに来ないか」 |
| 町ねずみ❷ | 「ドキドキすることがいっぱいあって」 |
| 町ねずみ❸ | 「退屈している暇なんてないよ」 |
| 動物たち全員 | 「ぼくたちが、町に……」 |

　　　　　　　　みんな、少しずつ後ずさりしながら、…❺

| | |
|---|---|
| うし❶＆❷ | 「残念だなぁ……」 |
| うま❶＆❷ | 「せっかく誘ってもらったけど」 |
| ぶた❶＆❷ | 「きょうは、用事があるんだ」 |
| ひつじ❶＆❷ | 「また、今度」 |

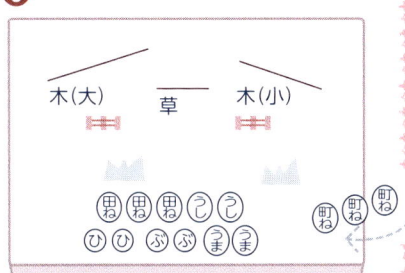

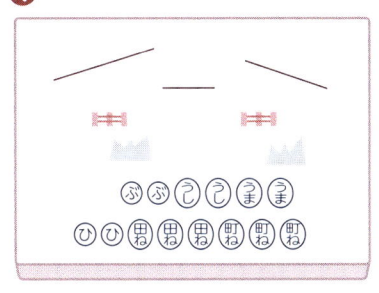

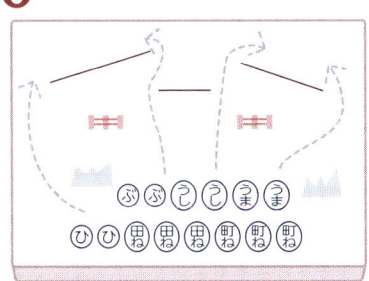

| | |
|---|---|
| 動物たち全員 | 「じゃあ、バイバーイ」 |

　　　　　　ねずみを残して、あっという間に待機場所に戻る。…❻

| | |
|---|---|
| 町ねずみ❶ | 「君たちは、どうする？」 |
| 田舎ねずみ全員 | 「どうしようかなぁ」 |

　　　　　　迷っていると、町ねずみが歌い出す。

| | |
|---|---|
| 町ねずみ全員 歌♪<br>「町はすてき！」 | 『まちは　すてき　いつもドキドキ<br>❶番 たのしいばしょが　たくさんある<br>❷番 おしゃれなふくに　おいしいごちそう<br>きみも　きっと　きにいるはずさ<br>さあいこう　いっしょに』 |
| 田舎ねずみ❶ | 「おしゃれな洋服かあ……」 |
| 田舎ねずみ❷ | 「ごちそうって、なにかな？」 |
| 田舎ねずみ❸ | 「考えただけでドキドキする」 |
| 町ねずみ❷ | 「行けば、もっとドキドキだよ」 |
| 町ねずみ❸ | 「さあ、いっしょに、行こう！」 |
| 田舎ねずみ全員 | 「うん」 |
| 町ねずみ❶ | 「そうと決まったら、すぐに出発だ」 |
| 田舎ねずみ❶ | 「今、すぐ？」 |
| 町ねずみ❷ | 「そうとも」 |
| 町ねずみ❸ | 「こんなになにもないんじゃ」 |
| 町ねずみ全員 | 「ここにいても仕方がないだろう」 |

　　　　　　町ねずみ、さっさと上手（かみて）に退場。

| | |
|---|---|
| 田舎ねずみ全員 | 「待って」 |

　　　　　　田舎ねずみ、あとを追いかけるように退場。
　　　　　　ナレーター登場。…❼

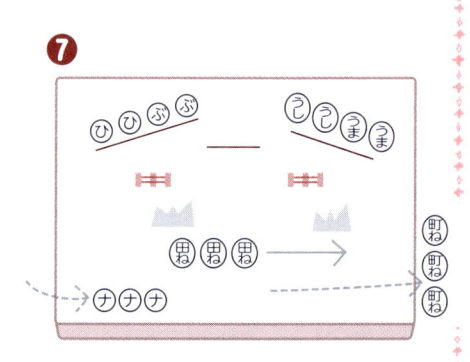

| | |
|---|---|
| ナレーター**1** | 「あーあー、行っちゃった」 |
| ナレーター**2** | 「大丈夫かなぁ」 |
| ナレーター**3** | 「心配だから、ついていこう」 |
| ナレーター**1**&**2** | 「うん」 |

　　　　　ナレーター、舞台を横切って上手(かみて)に退場。…**❽**
　　　　　舞台上、動物役がセット交換してから退場。

**セット変換：牧場→町**

**[舞台上：町]**　　※BGMに騒音やクラクションなどを流すと効果的

　　　　　セット裏から町ねずみ登場。セットに隠れながら進む。
　　　　　後ろから、田舎ねずみが堂々と登場。舞台中央で辺りをキョロキョロ見回す。

| | |
|---|---|
| 田舎ねずみ**1** | 「ここが町かぁ」 |
| 田舎ねずみ**2** | 「にぎやかだなあ」 |
| 田舎ねずみ**3** | 「きょうはお祭りかな」 |

　　　　　効果音♪　キキーッ
　　　　　効果音に合わせて、車のセットを出す
　　　　　（動物役が担当）。…**❾**

| | |
|---|---|
| 町ねずみ**1** | 「危ない！」 |

　　　　　町ねずみ**1**、飛び出して田舎ねずみたちを
　　　　　助け、ドアのセット前に誘導（ドアを出す
　　　　　のも動物役が担当）。

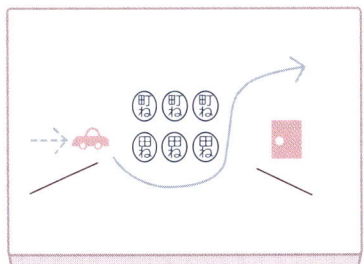

| | |
|---|---|
| 田舎ねずみ**1** | 「ああ、びっくりした」 |
| 町ねずみ**1** | 「道の真んなかに突っ立ってるからだよ」 |
| 町ねずみ**2** | 「さあ、こっちだ」 |

　　　　　ドアのセットを開けて入る。町ねずみ**3**がごちそうのセットを出す。…**❿**

**❽**
木のセットは回転させて、
ビルを見せて前に出す。草も回転
させて車を見せ、ビルの後ろに移動。
柵と草は片づける。

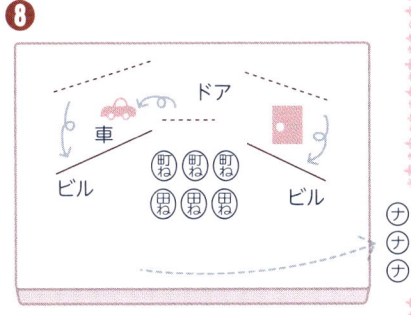

**❾**

**7　町のねずみと田舎のねずみ**

| | |
|---|---|
| 田舎ねずみ❷ | 「わあ、すごいごちそうだ」 |
| 田舎ねずみ❸ | 「こんなごちそう、初めて見たよ」 |
| 町ねずみ❸ | 「さあ、ぐずぐずしてないで早く食べよう」 |
| 田舎ねずみ全員 | 「いただきまーす」 |

　　　　ねずみたちが食べている後ろから、ねこ登場。
　　　　観客に向かって、「ないしょ」のポーズを
　　　　してから、

| | |
|---|---|
| ねこ❶ | 「まるまる太って、なんておいしそうなんでしょう」 |
| ねこ❷ | 「わたしたちも、いただきまーす」 |

　　　　忍び足で近づいていく。が、町ねずみ❶が気づいて、

| | |
|---|---|
| 町ねずみ❶ | 「ねこだ、みんな逃げろ」 |
| ねずみ全員 | 「きゃーっ」 |
| ねこ❶&❷ | 「待てー」 |

　　　　舞台上で追いかけっこ。迫真のＢＧＭを流す。
　　　　この間にごちそうのセットを片づける（ねずみ役の誰か）。
　　　　舞台上を一回りしたら、セットのドアから外に出る。…⓫

　　　　ねこ、下手に退場。町ねずみ、セット裏で待機。

　　　　田舎ねずみ、舞台前方に座り込む。…⓬

| | |
|---|---|
| 田舎ねずみ❶ | 「あーっ、びっくりした」 |
| 田舎ねずみ❷ | 「まだ、ドキドキしてるよ」 |
| 田舎ねずみ❸ | 「もうだめかと思った」 |

　　　　下手からいぬ❶登場。…⓭

| | |
|---|---|
| いぬ❶ | 「おやおや、迷子のこねずみがいるぞ」 |

⓾
ドアを中央に出し、ねずみたちは
ドアから舞台前方に出る。
ねこは、ねずみたちが
ごちそうを食べ始めてから登場。

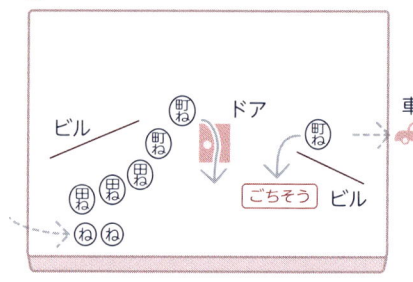

⓫

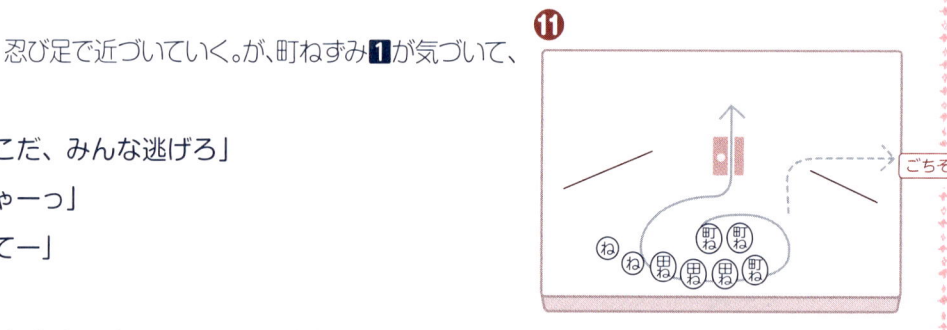

⓬
ドアは町ねずみが片づける。

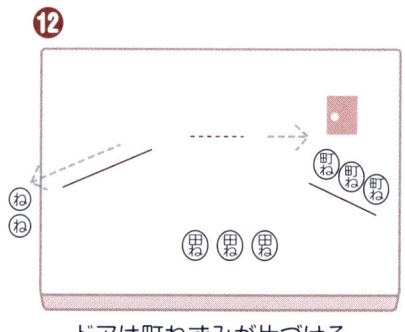

　　　　　　　　　　田舎ねずみ、あわてて立ち上がり上手に逃げ ❸
　　　　　　　　　　ようとする。と、上手からいぬ❷登場。

いぬ❷　　　　「おっと、逃がさないぞ」

　　　　　　　　　　いぬ❶＆❷、左右でとおせんぼする。田舎ねずみ、
　　　　　　　　　　間でうろうろしていると、町ねずみ登場。…❹

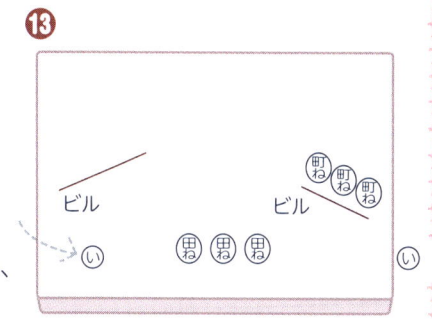

町ねずみ❶　　「逃げろー」
いぬ❶＆❷　　「待てー」

　　　　　　　　　　ねずみ全員、セット裏に隠れる。
　　　　　　　　　　2〜3秒、間をおいてから、
　　　　　　　　　　ねずみたちだけ出てくる。…❺

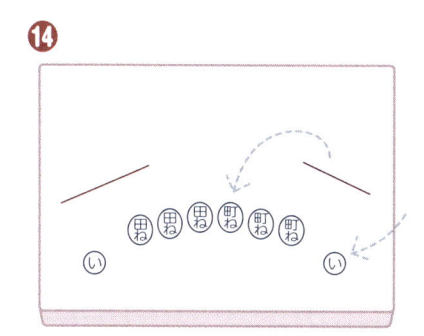

町ねずみ❷　　「もう、大丈夫だ」
町ねずみ❸　　「危ないところだったな」
田舎ねずみ全員　「助けてくれて、ありがとう」
町ねずみ全員　「どういたしまして」
田舎ねずみ❶　「それにしても、町は怖いところだね」
町ねずみ❶　　「そんなことないよ」
町ねずみ❷　　「いつものことさ」
田舎ねずみ❷　「でも、ぼくたちには田舎の方が合ってるみたいだ」
田舎ねずみ❸　「やっぱり、田舎に帰ることにするよ」
町ねずみ❸　　「残念だけど、仕方がないね」
町ねずみ❶　　「気をつけて帰れよ」

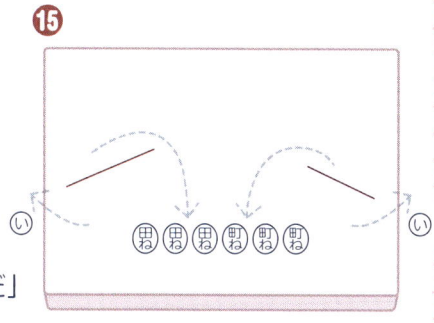

　　　　　　　　　　田舎ねずみと町ねずみは、握手をしたあと、手を振りながら
　　　　　　　　　　上手と下手に分かれて退場。
　　　　　　　　　　「さよなら」「またね」「ありがとう」「元気でね」など、口々に言う。
　　　　　　　　　　入れ替わりに、ナレーター登場。…❻

ナレーター❶　「本当にドキドキしたよ」

| | |
|---|---|
| ナレーター❷ | 「みんな、無事でよかったね」 |
| ナレーター❸ | 「さあ、ぼくたちも帰ろう」 |

　　　　　　　ナレーションの間に動物たちが

**セット変換：町→牧場**

　　　　　　　設置が完了したら、舞台中央に整列。
　　　　　　　田舎ねずみ、下手（しもて）から登場。…⓱

**[舞台上：牧場]**

| | |
|---|---|
| 田舎ねずみ全員 | 「みんな、ただいま」 |
| 動物たち全員 | 「おかえりー」 |

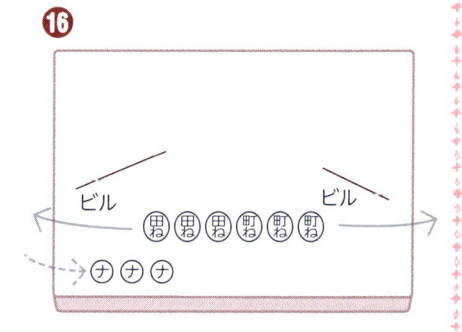

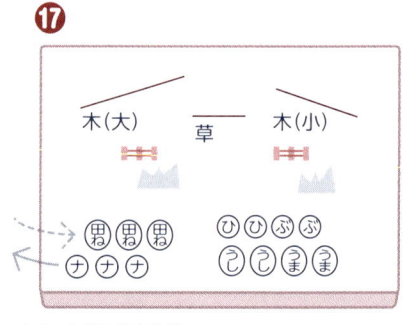

　　　　　　　田舎ねずみ、舞台中央に進む。動物たち、ねずみを取り囲む。

| | |
|---|---|
| ひつじ❶ | 「ねえねえ、町はどうだった？」 |
| うし❶ | 「なにかおもしろいことあった？」 |
| 田舎ねずみ❶ | 「ないない」 |
| 田舎ねずみ❷ | 「な〜んにもない」 |
| 田舎ねずみ❸ | 「町はにぎやかだけれど」 |
| 田舎ねずみ全員 | 「疲れるところだよ」 |
| 動物たち全員 | 「へぇーっ」 |
| 田舎ねずみ❶ | 「それにやっぱり……」 |
| 田舎ねずみ❷ | 「ぼくたちには」 |
| 田舎ねずみ❸ | 「ここが一番だよ」 |
| 田舎ねずみ全員 | 「仲間がいる、ここがね」 |
| 全員 歌♪<br>「田舎暮らしのうた」<br>（2番） | 『かぜが　そよそよ　ふいている　　　…⓲<br>おひさま　ぽかぽか　てっている<br>なんにも　ないけど　えがおがある<br>きょうも　あすも　あさっても<br>いなかぐらしは　のんびり　つづく』 |

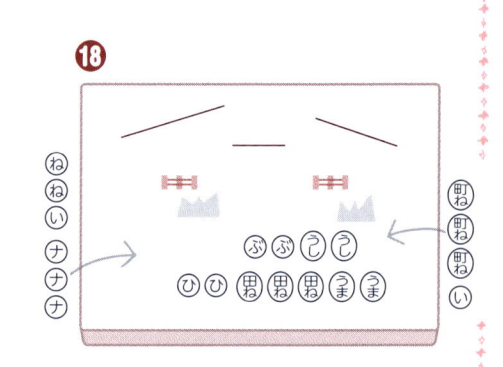

第2章　世界の昔話で楽しむ 劇あそび脚本

歌い終わったら、舞台上に全員
整列して挨拶。…⑲

**全員**　「町のねずみと田舎のねずみのお話は、
これでおしまいです」

⑲

木(大)　草　木(小)

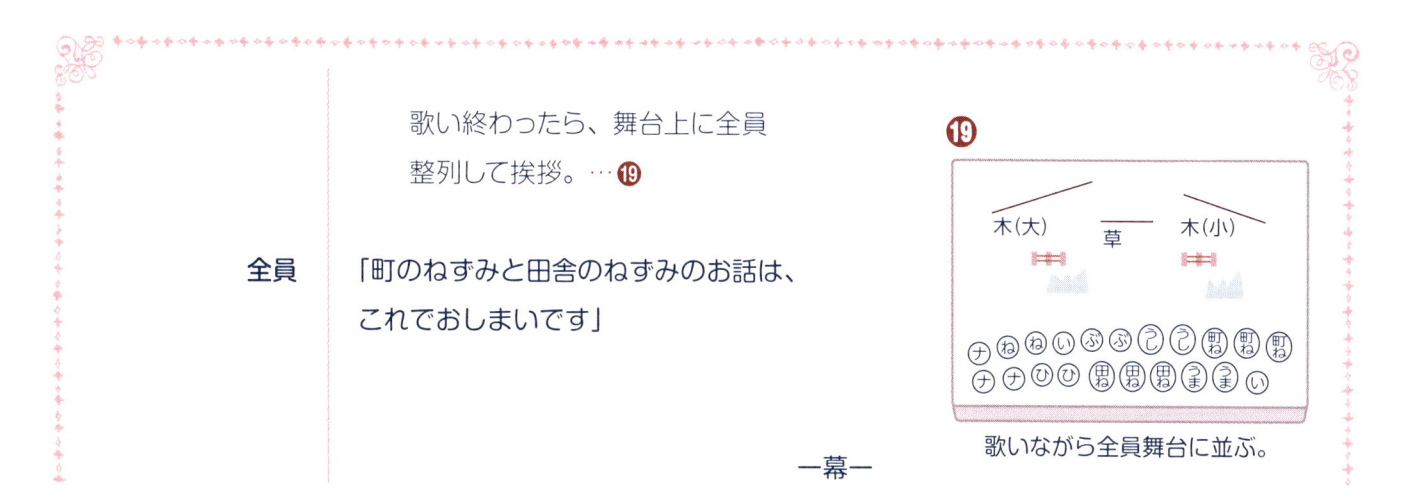

歌いながら全員舞台に並ぶ。

―幕―

## 田舎暮らしのうた　作詞・作曲　わたなべ めぐみ

1.2.かぜが　そよそよ　ふいている　おひさま　ぽかぽかて
っている　ほかに　はなにも　ないけれど
　　　　　なんにも　ないけど　えがおがある
きょうもあすも　あさっても　いなか　ぐらしは　のんびりつづく

## 町はすてき！　作詞・作曲　わたなべ めぐみ

1.2.まちは　すてきー　いつも　ドキドキー　たのしい　ばしょがー　たくさんあるー
　　　　　　　　　　　　　　　　　おしゃれな　ふくにー　おいしいごちそう
きみも　きっとー　きにいる　はずさー　さあ　いこう　いっしょに

[7] 町のねずみと田舎のねずみ

劇あそび
シナリオ
No. 8

イソップ物語
# ありときりぎりす

対象年齢：4・5歳児　　人数：15〜20人

> 働き者のありとなまけ者のきりぎりす。対照的な登場人物を描いた有名なイソップ寓話です。ここでは教訓的なラストをユーモラスな展開にアレンジしました。

| 登場人物 | てんとうむし —— 3　きりぎりす —— 3　あり —— 6　ちょうちょう —— 2<br>とんぼ —— 2<br>※ナレーターはてんとうむしとありが分担します。 |
|---|---|
| 場面設定 | 【1幕2場】　夏の森 ➡ 冬の森 |

## セット

**夏の木&冬の木（×1〜2・リバーシブル）**　材料／段ボール板、子ども用いす、白い布

段ボール板の表裏に絵をかき、冬の木側に子ども用いすをはりつけて支えにする。冬の木が表側になるときは、いすに白い布をかぶせる。

＊支えは段ボール板の三角柱でもOKですが、いすの方が安定します。

## 木&ありの家（リバーシブル）　材料／段ボール板、カラーセロハン、ひも（緑）

段ボール板の表裏に絵をかき、木側の左右に支柱をつける。支柱には段ボール板で作った草をはってカムフラージュする。扉は開くように切り込みを入れておく。

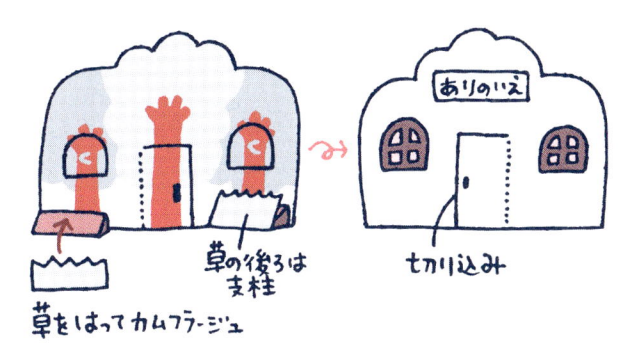

木側の窓部分は、一度切り抜いてからはめ込み、上から絵をかいて目立たなくする。セットを裏返してありの家を見せるときに、はめ込んだ窓部分を取り外すので、取りやすいようにひもをつけておく。

ありの家側の窓部分は、段ボール板で窓枠を作り、裏からカラーセロハンをはったものをはりつける。窓枠のサイズは、窓の穴よりも一回り大きく作る。

ありの家に灯りがともるシーンでは、裏側から懐中電灯の光を窓に当ててライトアップする。

## 草

材料／段ボール板、色画用紙

段ボール板を切り、色画用紙をはるか、アクリル絵の具で彩色する。裏側には支柱をつける。

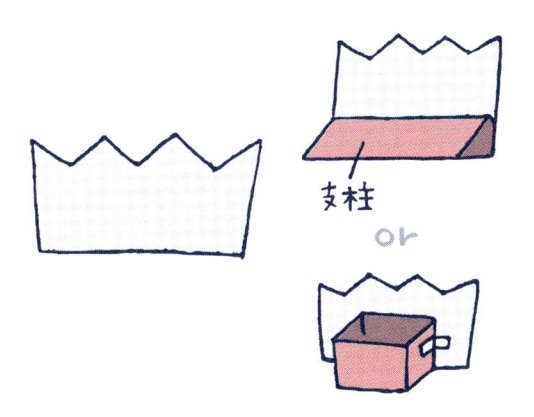

＊支柱の代わりに段ボール箱をつければ、小道具入れになります。

## 花　❖Aタイプ　材料／色画用紙、モール

色画用紙を花の形に切り、中心にモールを刺して抜けないようにとめる。

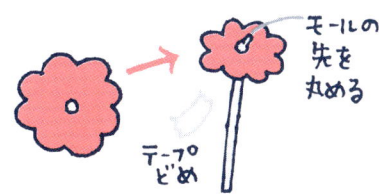

❖Bタイプ　材料／クレープ紙、モール

モールにクレープ紙の花びらを巻きつけてはる。

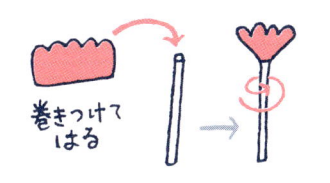

花は草にはりつける。

## 小道具

### ギター 材料／段ボール板、綿ロープ

段ボール板をギターの形に切り取って色を塗り、細い綿ロープを弦に見立ててはりつける。

### 掃除用具

おもちゃのスコップやままごと道具、本物のほうきやちりとり、バケツなどを用意する。

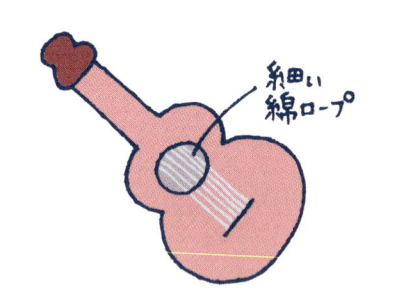

### ありの荷物 材料／風呂敷、包装紙、空き箱、ウレタン積み木、ボール、段ボール板など

空き箱やウレタン積み木などを、風呂敷や包装紙で包む。

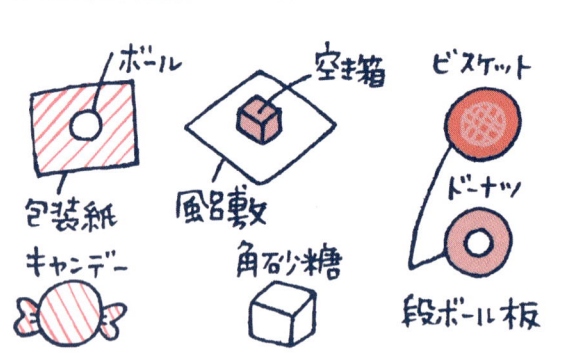

＊車輪やキャスターがついたおもちゃ箱などに荷物を積んで、あり役が引きます。

## 衣装

### あり・てんとうむし・ちょうちょう・きりぎりす・とんぼ

基本のスモック（作り方は141ページ参照）とお面（触角付き・作り方は140ページ参照）を作り、アレンジを加える。とんぼはお面の代わりに帽子を作る。ありはリュックサックと長靴を用意する。

❖衣装 材料／布（不織布でも可）、綿ロープ（ひも）、フェルトなど

**あり**
黒い布で基本のスモックを作る。ひもの色を変えて個性を出す。

**てんとうむし**
不織布またはフェルトで星模様を作ってはりつける。

**ちょうちょう**
スモックのすそを羽の形に切り、端に不織布またはフェルトの模様をはりつける。

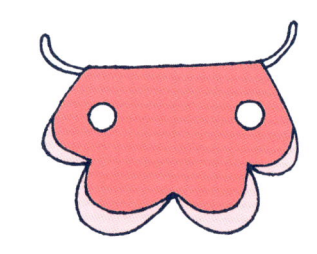

第2章 世界の昔話で楽しむ 劇あそび脚本

## きりぎりす ❖衣装　材料／布（不織布でも可）、不織布（茶）、白ボール紙、面ファスナー、綿ロープ（ひも）

①白ボール紙を羽の形に切って、茶色の不織布をはる。

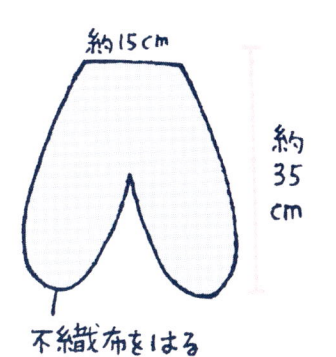

②裏側に面ファスナー（凹面）をはりつける。

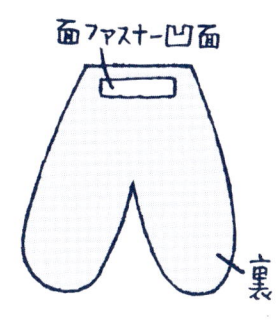

③基本のスモックを作り、表側に面ファスナー（凸面）を縫いつける。スモックを着てから②の羽をつける。

＊羽は同じものを2枚作り、冬用の1枚はわざと折り曲げてくしゃくしゃボロボロにします。本体が白ボール紙なので、ぐしゃっとつぶしてから元に戻すと感じが出ます。

## とんぼ

作り方はきりぎりすと同じ。

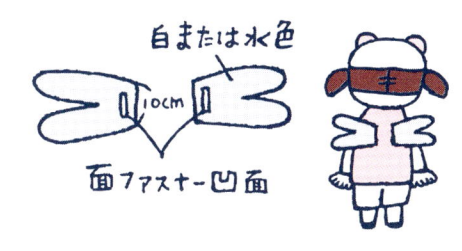

＊羽のサイズは目安です。長くするとかっこいいですが、動きにくくなるので、バランスを考えて作りましょう。

### ❖触角付きお面（あり・てんとうむし・ちょうちょう・きりぎりす共通）
材料／厚紙、輪ゴム2本、不織布（黒）、モール

①厚紙で帯を作り、表側のみ黒い不織布をはる。

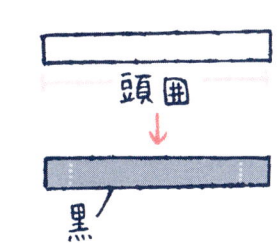

②輪ゴムをつける。

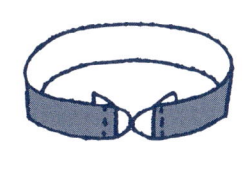

③モールを帯の裏側にテープではりつける。モールの先を丸める。

### ❖帽子（とんぼ）　材料／布（伸縮性のあるもの）、綿

①布を切って縫い合わせ、裏返す。

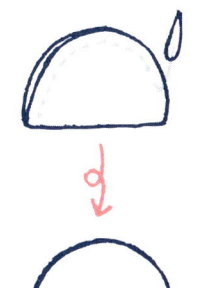

②別布で目玉を2つ作る。布を丸く切って周りを並縫いし、綿を詰めながら口を絞って縫いとじる。

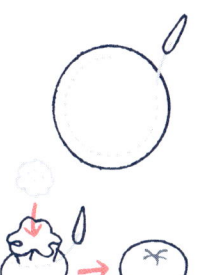

③①の帽子に②を縫いつける。

スモックの下はTシャツ・半ズボン（共通）

8 ありときりぎりす

# イソップ物語 ありときりぎりす シナリオ

| 言葉・動きの中心となる役 | 劇の進め方・舞台の配置・動き・せりふなど |
|---|---|
| | てんとうむし、幕前に登場。…❶ |
| てんとうむし❶ | 「ななほしてんとうです」（好きなポーズを決める） |
| てんとうむし❷ | 「なみてんとうです」（好きなポーズを決める） |
| てんとうむし❸ | 「にじゅうやほしてんとうです」（と、背中を見せる） |
| てんとうむし❶&❷ | 「わぁ、星がいっぱい」 |
| てんとうむし❸ | 「まぁね」（と言って、前を向く） |
| てんとうむし❶ | 「ぼくたち、星の数は違うけれど」 |
| てんとうむし❷ | 「同じ、てんとうむしの仲間」 |
| てんとうむし❸ | 「あぶらむしを食べるんだよ」 |
| てんとうむし❶ | 「あぶらむしは草や花を枯らす、困ったやつなんだ」 |
| てんとうむし❷ | 「さあ、きょうもあぶらむし退治に出発だー」 |
| てんとうむし全員 | 「えいえいおー」 |
| | ここで幕が開く。舞台中央の木の前にきりぎりすが座っている。…❷ |
| | [舞台上：夏の森] |
| きりぎりす❶ | 「てんとうむしくーん」 |
| きりぎりす❷ | 「おはよう」 |
| きりぎりす❸ | 「きょうも張り切ってるね」 |
| | てんとうむし、きりぎりすのそばに行く。…❸ |
| てんとうむし❸ | 「おはよう、きりぎりす君」 |
| てんとうむし❶ | 「ここで、なにをしているの？」 |

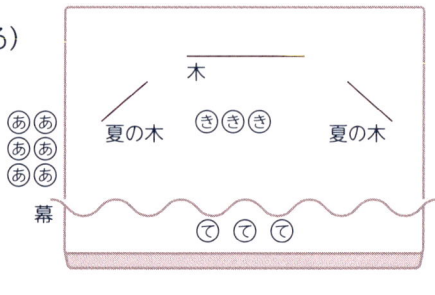

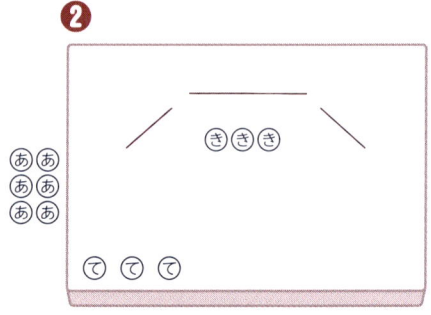

中央の木のセットの前にウレタン積み木などを置き、きりぎりすが座れるようにする。

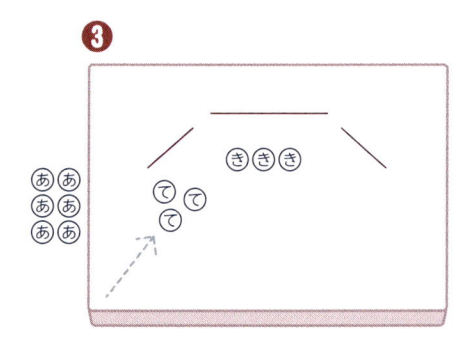

| | |
|---|---|
| きりぎりす❶ | 「休んでるんだ」 |
| きりぎりす❷ | 「朝から、暑いからね」 |
| きりぎりす❸ | 「こう暑くっちゃ、なにもできないよ」 |
| てんとうむし❷ | 「ぼくたちは、向こうのバラ園に行くところなんだ」 |
| てんとうむし❸ | 「あそこにはあぶらむしがたくさんいるんだよ」 |

そこに下手(しもて)からありが歌いながら登場。…❹
大きな荷物を押したり引いたりしている。

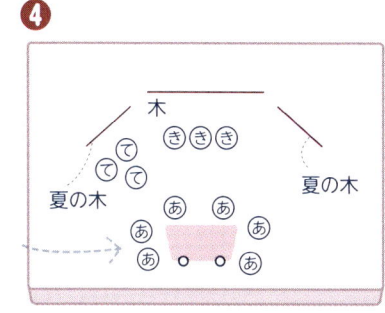

| | |
|---|---|
| あり全員 歌♪<br>「ありのテーマ」<br>（1番） | 『エンヤラ　エンヤラ　どっこいしょ<br>ぼくらは　ありんこ　はたらきものさ<br>みんなで　ちからを　あわせれば<br>おもい　にもつも　へっちゃらさ<br>エンヤラ　エンヤラ　どっこいしょ』 |
| あり❶ | 「みんな、ちょっとひと休みしよう」 |

ありたち、やれやれという感じで荷物を下ろす。…❺

| | |
|---|---|
| あり❷ | 「ああ、重かった」 |
| あり❸ | 「手がちぎれるかと思ったよ」（手をぶらぶらさせる） |
| あり❹ | 「足もちぎれるかと思ったよ」（足をぶらぶらさせる） |
| あり❺ | 「頭もおしりも」 |
| あり❻ | 「ちぎれるかと思ったよ」 |

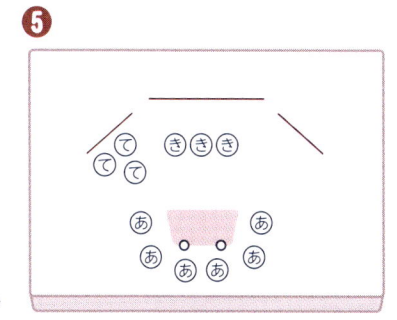

頭とおしりを振りながら、その場に座り込む。
すると、きりぎりすが
立ち上がって前に出てくる。…❻

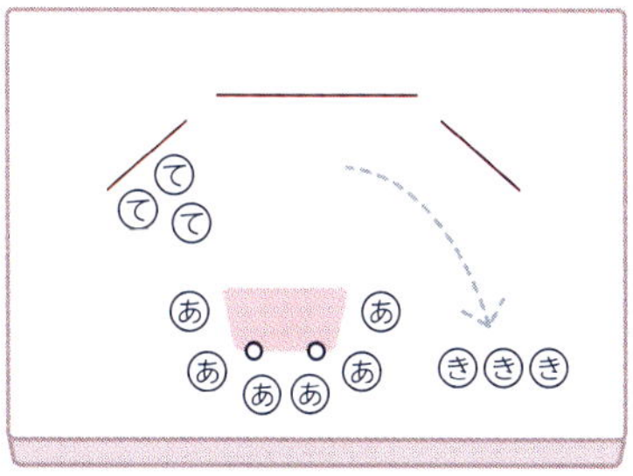

| | |
|---|---|
| きりぎりす❶ | 「そんなに大変なら、やめればいいのに」 |
| きりぎりす❷ | 「ほんと、ほんと」 |
| きりぎりす❸ | 「暑い夏は、木陰で昼寝が一番さ」 |

　　　　　　　　　それを聞いて、ありたち、立ち上がる。

| あり❶ | 「暑い夏だから、働くんだよ」 |
| あり❷ | 「今のうちに、食べ物をたくさん集めておかないと」 |
| あり❸ | 「冬になったら、困るだろう」 |
| きりぎりす❶ | 「そのときは、そのとき」 |
| きりぎりす❷ | 「なんとかなるさ」 |
| きりぎりす❸ | 「なあ、てんとうむし君」 |

　　　　　　　　　てんとうむし、前に出てくる。…❼

| てんとうむし❶ | 「ぼくたち、食べ物は集めないけど」 |
| てんとうむし❷ | 「今のうちにあぶらむしをたくさん食べておくんだ」 |
| てんとうむし❸ | 「寒くなったら、冬眠するからね」 |
| きりぎりす全員 | 「へえ、そうなんだ」 |

　　　　　　　　　きりぎりすが感心してうなずいていると、ありが動き出す。

| あり❹ | 「じゃあ、そろそろ行こう」 |
| あり❺ | 「よーし、もうひとがんばりだ」 |
| あり全員 | 「えいえいおー」 |

　　　　　　　　　ありたち、歌いながら上手(かみて)に退場。…❽

| てんとうむし❶ | 「ぼくたちも、行こう」 |
| てんとうむし❷ | 「早くしないとあぶらむしが逃げちゃうよ」 |
| てんとうむし❸ | 「それじゃあ、きりぎりす君、またね」 |

　　　　　　　　　てんとうむし、下手(しもて)に退場。…❾

| きりぎりす❶ | 「あーあー、みんな行っちゃった」 |
| きりぎりす❷ | 「つまんないの」 |

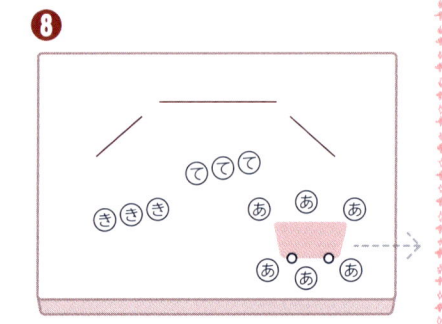

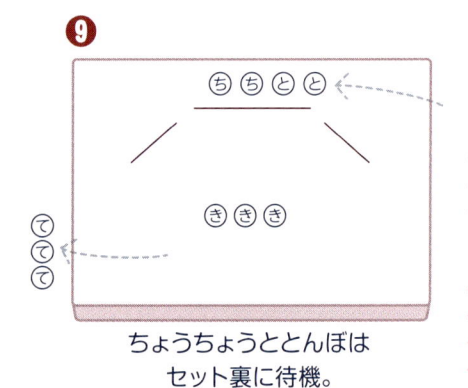

ちょうちょうととんぼは
セット裏に待機。

第2章　世界の昔話で楽しむ 劇あそび脚本

そこに、木のセット裏からちょうちょうととんぼが登場。…⓾

| | |
|---|---|
| ちょうちょう&とんぼ全員 | 「きりぎりす君、こんにちは」 |
| ちょうちょう❶ | 「なにしてるの？」 |
| きりぎりす❸ | 「退屈してる」 |
| とんぼ❶ | 「じゃあ、歌を歌ってよ」 |
| ちょうちょう❷ | 「わたしたち、踊るから」 |
| とんぼ❷ | 「さあ、早く早く」 |
| きりぎりす❶ | 「しょうがないなぁ」 |

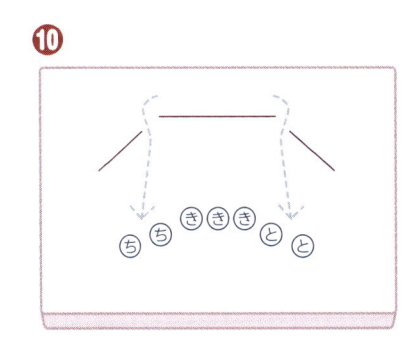

きりぎりす、木のセット裏からギターを取り出して歌い出す。
ちょうちょうととんぼは、歌に合わせて踊る。

| | |
|---|---|
| きりぎりす全員 歌♪<br>「むしむしパラダイス」 | 『ここは　むしむし　パラダイス　…⓫<br>たいくつしてたら　よっといで<br>うたって　おどれば　かなしいことも<br>みんな　わすれて　パラダイス<br>こころ　うきうき　パパッパパラダイス』 |

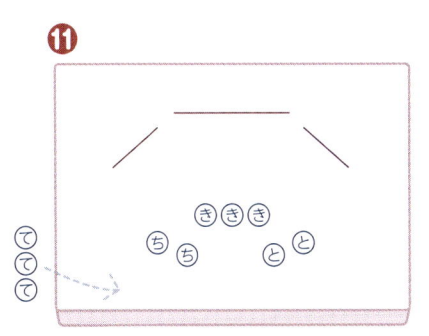

てんとうむし、歌の途中でナレーター定位置に登場。
きりぎりすたちを見ている。歌が終わったら、
ナレーションの間にきりぎりすが

**セット変換：夏の森→冬の森** …⓬

**［舞台上：冬の森］**

| | |
|---|---|
| てんとうむし❶ | 「こうして、きりぎりすが歌って暮らしているうちに」 |
| てんとうむし❷ | 「秋が過ぎ、冬がやってきました」 |
| てんとうむし❸ | 「寒くなってきたねぇ」 |
| てんとうむし❶ | 「そろそろ、冬眠しようか」 |
| てんとうむし❷&❸ | 「そうだね」 |
| てんとうむし❶ | 「それではみなさん」 |
| てんとうむし全員 | 「おやすみなさーい」 |

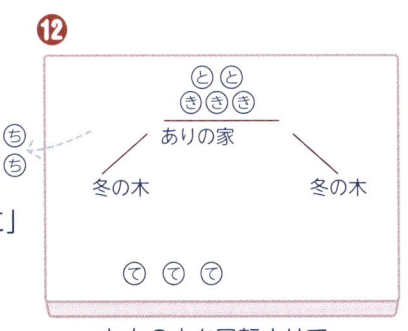

左右の木を回転させて、
支えのいすに白い布をかける。

8 ありときりぎりす

　　　　　　　　　てんとうむし、下手に退場。入れ替わりにきりぎりす登場。…⓭

| きりぎりす❶ | 「寒いよう」 |
| きりぎりす❷ | 「おなかもペコペコだ」 |
| きりぎりす❸ | 「みんな、どこに行っちゃったんだろう」 |
| きりぎりす全員 | 「ちょうちょうさーん、とんぼさーん」 |

　　　　　　　　　きりぎりす、舞台上をよろよろと歩き回る。
　　　　　　　　　きりぎりす❷座り込む。

| きりぎりす❷ | 「だめだ、おなかがすいて歩けないよ」 |
| きりぎりす❸ | 「ぼくも、歩けない」 |

　　　　　　　　　きりぎりす❸も座り込む。

| きりぎりす❶ | 「もう、だめだ」 |

　　　　　　　　　きりぎりす❶も座り込む。ありの家に灯りがともる。…⓮

| きりぎりす❶ | 「ありさんの家、あったかそうだな」 |
| きりぎりす❷ | 「暑くても、がんばって働いていたからね」 |
| きりぎりす❸ | 「ぼくたち、なまけていたからばちが当たったんだ」 |
| きりぎりす全員 | 「ごめんなさい」 |

　　　　　　　　　きりぎりすがうなだれていると、あり❶が登場。…⓯

| あり❶ | 「あれっ、きりぎりす君じゃないか。どうしたんだい？」 |
| きりぎりす❶ | 「寒くて」 |
| きりぎりす❷ | 「おなかペコペコで」 |
| きりぎりす❸ | 「動けないんだ」 |
| あり❶ | 「みんなー、大変だよー」 |

⓭ きりぎりすは冬用の羽をつける。

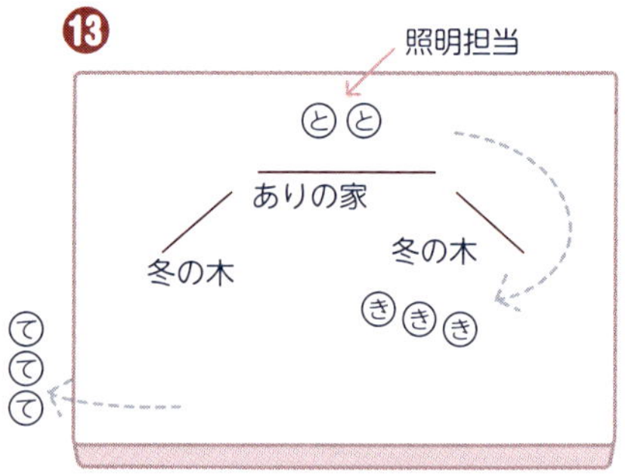

⓮ とんぼが懐中電灯でライトアップ。

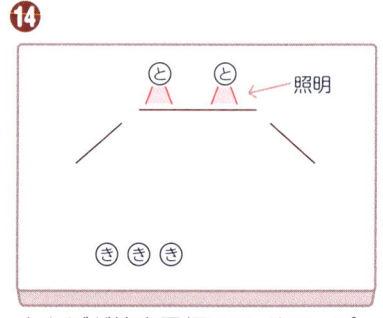

⓯ あり❶はドアから登場。

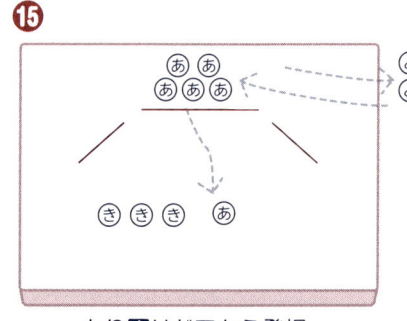

あれっ、きりぎりす君だ」「どうしたの？」「なにかあったの？」「外は寒いなぁ」
などと話す。…⑯

| | |
|---|---|
| あり❶ | 「みんな、きりぎりす君を助けてあげよう」 |
| あり❷ | 「どうして？」 |
| あり❸ | 「きりぎりす君は、ぼくたちが働いている間」 |
| あり❹ | 「ずっと、遊んでいたんだよ」 |
| あり❺ | 「だから、ばちが当たったんだ」 |
| あり❻ | 「自業自得さ」 |
| きりぎりす❶ | 「難しい言葉を知っているんだね」 |
| きりぎりす❷ | 「感心している場合じゃないだろう」 |
| きりぎりす❸ | 「どうか助けてください」 |
| きりぎりす全員 | 「なんでもします」 |
| あり❶ | 「もちろんだよ」 |
| あり❶以外全員 | 「えっ」 |
| あり❶ | 「ただでは、助けません。夏に遊んでいた分、冬は働いてもらいます」 |
| あり❶以外全員 | 「なるほどね」 |

ありたち、一斉にセット裏からスコップや掃除道具などを持ってくる。…⑰

| | |
|---|---|
| あり❷ | 「では、雪かきを」 |
| あり❸ | 「それから、まき割り」 |
| あり❹ | 「お料理」 |
| あり❺ | 「洗濯」 |
| あり❻ | 「掃除もよろしく」 |
| きりぎりす全員 | 「えーっ」 |

きりぎりすは座ったまま後ろに倒れる。

| | |
|---|---|
| あり全員 | 「冗談だよ、冗談」 |
| あり❶ | 「まずは家に入って、あったかいスープをどうぞ」 |

　　　　　　　　ありたち、きりぎりすを助け起こし、家に入る。
　　　　　　　　あり**2**・**3**・**4**は残って、ナレーター定位置に移動。…⑱

あり**2**　「こうして、ぼくたちありは、きりぎりすを
　　　　　助けてあげました」
あり**3**　「ぼくたちって、優しいでしょ」
あり**4**　「えっ、きりぎりすはそれからどうしたかって？」
あり**2**　「もちろん、ぼくたちみたいに働き者に
　　　　　なりましたよ」
あり**3**　「ほらね」

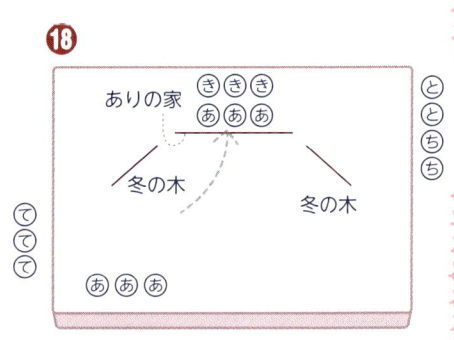

　　　　　　　ナレーションの間に

　　　　　**セット回転：セットを回転させて夏の森にする**　…⑲

　　　　　　　全員、舞台に整列。荷物や道具を持っている。…⑳

**全員 歌♪**　『エンヤラ　エンヤラ　どっこいしょ
「ありのテーマ」　ぼくらは　ずっと　はたらきもの
　（２番）　　みんなで　ちからを　あわせれば
　　　　　　おもい　にもつも　へっちゃらさ
　　　　　　エンヤラ　エンヤラ　どっこいしょ』

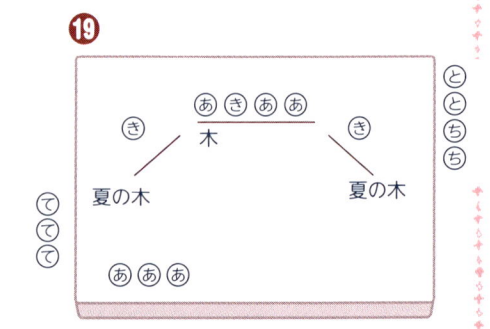

　　　　　　　　　　　　　　　　　　　－幕－

## ありのテーマ
作詞・作曲　わたなべ　めぐみ

1.2. エンヤラエンヤラ どっこいしょ ぼくらは {ありんこ/ずーっと} {はたらきものさ/はたらきもーの} みんなでちからを あわせれば おもいにもつも へっちゃらさ エンヤラエンヤラ どっこいしょ

## むしむしパラダイス
作詞・作曲　わたなべ　めぐみ

ここはむしむし パラダイス たいくつしてたら よっといで うたって おどれば かなしい ことも みんな わすれて パラダイス こころうきうき パパッパパラダイス

8 ありときりぎりす

# 劇あそびシナリオ No.9

### スロバキアの昔話
# 12の月のおくりもの

○ 対象年齢：4・5歳児　　○ 人数：20～30人

> まま母に命じられて、真冬の森に花を探しに行った少女は、雪のなかで12の月の精に出会います……。有名な劇『森は生きている』の原話を幼児向きにアレンジしました。華やかな展開を楽しみましょう。

| 登場人物 | ナレーター（いぬ・ねこ・おんどり）——各1　少女（マルーシカ）—1　うさぎ——2<br>春の妖精——3　夏の妖精——3　秋の妖精——3　冬の妖精——3<br>1月～12月の精—各1　まま母（声の出演）——保育者<br>※うさぎも途中からナレーターを兼任します。登場人物が多いので、子どもの人数が少ない場合は、妖精と動物役で調節しましょう。 |
|---|---|
| 場面設定 | 【1幕4場】　マルーシカの家 ➡ 森のなか ➡ マルーシカの家 ➡ フィナーレ |

## セット

### ブック型背景セット（×2）　材料／段ボール板

段ボール板を2つ折りにして絵をかいたものをはり合わせ、ブック型の背景セットを作る。

①外側（表紙）はマルーシカの家、内側は季節ごとの森の絵をかく。AとBの2つを作る（②～⑤も2枚ずつ作る）。

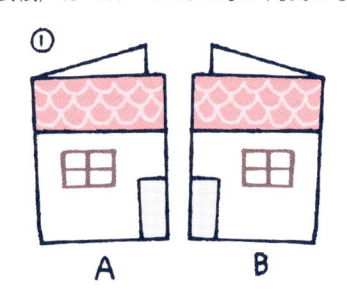

① A　B
② 140～160cm　冬
③ 春
④ 夏
⑤ 秋

② ①〜⑤をブック型にはり合わせていく。まず、①を裏返しに置き、その上になか表に折った②〜⑤を重ねばりする。

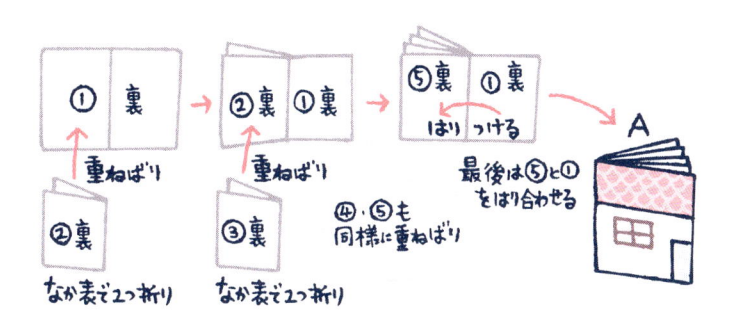

家は、舞台に設置するときは2つを少しずらして立てると、観客からは1つに見える。

森の場面では、2つを離して立てる。

＊Bも作り方は同じです。裏表紙は無地でOKですが、絵をかいておいた方がどこから見えてもきれいです。

## 小道具

### つえ　材料／ステッキ（木の枝）または新聞紙、色画用紙

本物のステッキや木の枝があれば、それを使う。ない場合は、新聞紙を固く巻いて形を整え、上から色画用紙で包む。

### まつゆきそう　材料／厚手の不織布（またはフェルト）、ペーパーフラワー用ワイヤー、テープ（緑）

ペーパーフラワー用ワイヤーに、厚手の不織布またはフェルトで作った花びらをつける。ペーパーフラワー用のテープ（緑）で巻くと、仕上がりがきれい。

＊まつゆきそうは市販のかごに入れます。なければ、白ボール紙と画用紙で作りましょう。

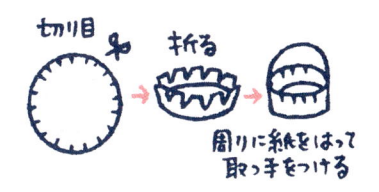

### たき火　材料／段ボール箱、新聞紙、スズランテープ（赤）

①段ボール箱を斜めに切って、台を作る。内側に色を塗る。

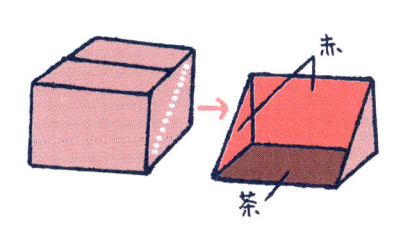

②新聞紙を丸めて、アクリル絵の具で彩色し、まきを作る。

③スズランテープでポンポンを3〜4個作り、①の台に②といっしょに載せる。②の一部を台の側面にはっておくと、動かしても取れない。

## 衣装

### マルーシカ（少女）

❖ **スカート**
材料／木綿生地、平ゴム

作り方は141ページを参照。

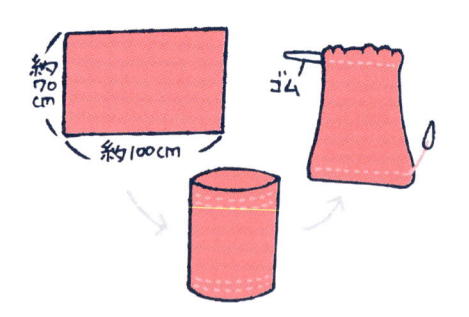

❖ **マント（フード付き）**
材料／布（不織布でも可・赤）、綿ロープ（ひも）、毛糸（極太）

基本のスモック（袖穴なし）にフードをつける。フードは、不織布を切って縫い合わせ、裏返して毛糸で編んだ三つ編みを2本つける。

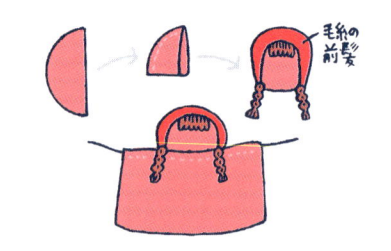

### いぬ・ねこ・うさぎ・おんどり

基本のスモック（作り方は141ページ参照）と帽子（作り方は140ページ参照）を作り、アレンジを加える。靴は長靴をはく。

❖ **衣装** 材料／布（不織布でも可）、綿ロープ

❖ **帽子** 材料／布（伸縮性のあるもの）、フェルト、綿、動眼2個（おんどりのみ）

#### いぬ・ねこ・うさぎ

いぬ・ねこの衣装の作り方は「町のねずみと田舎のねずみ」（87ページ）を参照。うさぎは「だんごどっこいしょ」（44ページ）を参照。

#### おんどり

衣装の作り方は「ねずみのよめいり」（9ページ「すずめ」）を参照。帽子には、とさかを縫いつける。

### 妖精

❖ **カラーポリ袋のスモック** 材料／カラーポリ袋

カラーポリ袋をスモックの形に切り取り、着脱しやすいようにスリットを入れる。

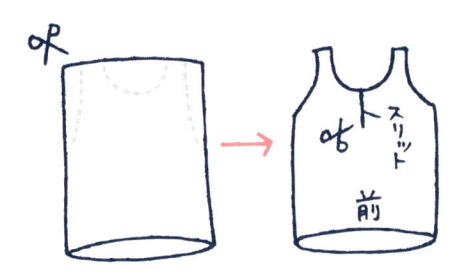

＊切り取った部分も飾りに使えるので捨てずにとっておきましょう。

❖ **帽子** 材料／厚紙、輪ゴム3本、カラーポリ袋、リボン

厚紙と輪ゴムで作った帯にカラーポリ袋をつけて、上部を輪ゴムでしばってからリボンを結ぶ。

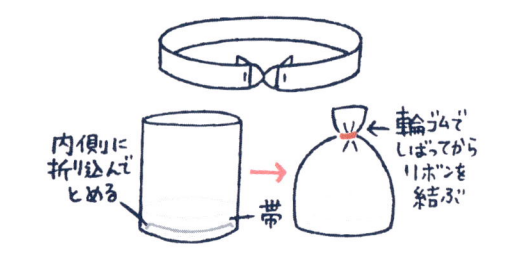

第2章 世界の昔話で楽しむ 劇あそび脚本

妖精は、いろいろな飾りをつけて、春夏秋冬の季節感を出すのがポイント。これを参考にしながら、オリジナルデザインを工夫して楽しもう！

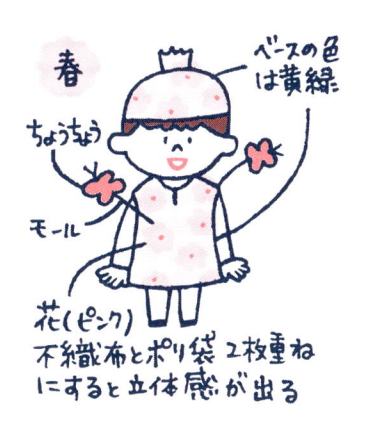

**春**
- ベースの色は黄緑
- ちょうちょ
- モール
- 花(ピンク)
- 不織布とポリ袋2枚重ねにすると立体感が出る

**夏**
- 切り込みを入れる
- ベースの色はオレンジ色
- 風をイメージしたスズランテープランダムなフリンジをひらひらさせる

**秋**
- ぶどう
- ぶどうのつるは綿ロープ
- いろいろな果物をつけてアレンジしてみよう！

**冬**
- 切り込みを入れる
- 雪の結晶の飾り(銀紙+厚紙で補強)
- 白長袖Tシャツ
- 雪の結晶のネックレス
- 白タイツまたは黒スパッツ
- 全体にフリンジ 白と水色のグラデーションにするときれい！

## 12の月の精

マント付きスモックと帽子をベースに、季節ごとにアレンジを加える。

冬チーム（12・1・2月）
マント付きスモック（ロング丈）＋帽子（B）

春チーム（3・4・5月）
マント付きスモック（ショート丈）＋帽子（A）

夏チーム（6・7・8月）
マント付きスモック（ショート丈）＋帽子（A）

秋チーム（9・10・11月）
マント付きスモック（ロング丈）＋帽子（B）

❖ **衣装**
材料／布（不織布でも可）、綿ロープ（ひも）

基本のスモック（作り方は141ページ参照）を作り、布を1枚重ねて縫い、マント状にする。

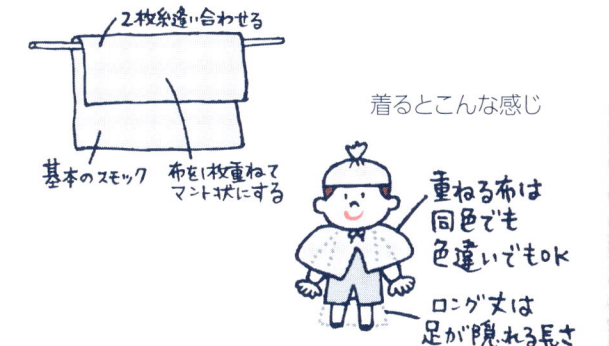

- 2枚縫い合わせる
- 基本のスモック
- 布を1枚重ねてマント状にする

着るとこんな感じ
- 重ねる布は同色でも色違いでもOK
- ロング丈は足が隠れる長さ

❖ **帽子**
材料／厚紙、輪ゴム3本、カラーポリ袋、リボン

作り方は妖精の帽子（110ページ）と同じ。ただし、外側でしばるか、内側でしばるかによって感じが変わるので、月によってデザインを変える。

A 若々しい感じ
B 落ち着いた感じ

〈例〉いろいろアレンジしてみよう！

**12月**
- ひげ（なくてもOK）
- 銀の冠
- 雪の結晶
- つえ
- 長靴

**3月**
- 芽が出ている感じ
- モール
- 長靴

⑨ 12の月のおくりもの

# スロバキアの昔話 12の月のおくりもの シナリオ

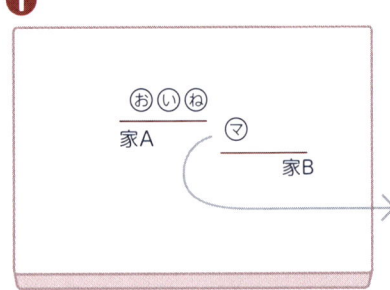

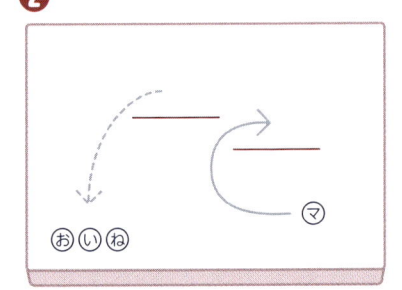

| 言葉・動きの中心となる役 | 劇の進め方・舞台の配置・動き・せりふなど |
|---|---|

**［舞台上：マルーシカの家］**

少女（マルーシカ）＆ナレーター、セット裏で待機。
マルーシカ、バケツを持ってセット裏から出てくると、上手(かみて)に退場。…❶
あとからナレーターが登場して定位置に立ったら、マルーシカが上手(かみて)からバケツを重そうに運んできて、家Bのセット裏に消える。
ナレーター、その様子を見ている。…❷

| | |
|---|---|
| ナレーター全員 | 「やれやれ」 |
| いぬ | 「マルーシカはきょうも水くみか」 |
| ねこ | 「まったく、あのまま母ときたら」 |
| おんどり | 「自分はちっとも働かないで」 |
| いぬ | 「マルーシカばかり、こき使う」 |
| ねこ | 「なまけもので」 |
| おんどり | 「いじわるで」 |
| いぬ | 「本当にいやなやつ」 |
| まま母(声) | 「誰だい、わたしの悪口を言っているのは」 |
| ナレーター全員 | 「ヒッ」（頭をかかえて座り込む）…❸ |
| まま母(声) | 「そんなところでしゃべっている暇があったら、自分の仕事をおし。なまけるんじゃないよ」 |
| ナレーター全員 | 「ハイッ」（と、立ち上がって気をつけの姿勢） |
| いぬ | 「ちゃんと、家の番をします」 |
| ねこ | 「ねずみを捕ります」 |
| おんどり | 「卵を生みます」 |
| いぬ＆ねこ | 「それは、無理」（と、ツッコミを入れる） |
| おんどり | 「でした。代わりに鳴きます。コッコッコッコッ」 |
| ナレーター全員 | 「コケコッコー」 |
| まま母(声) | 「うるさい！！」 |

| | |
|---|---|
| ナレーター全員 | 「ヒッ」（また、頭をかかえて座り込む） |

　　　　　　　そのとき、マルーシカがかごを持って出てくる。それをいぬが見つける。…❹

| | |
|---|---|
| いぬ | 「あれっ、また出てきたぞ」 |
| ねこ | 「かごを持ってるわ」 |
| おんどり | 「えーっ」 |

❹

　　　　　　　3人はマルーシカにかけ寄る。

| | |
|---|---|
| いぬ | 「マルーシカ、どこに行くの？」 |
| マルーシカ | 「まつゆきそうを探しに行くの」 |
| ナレーター全員 | 「まつゆきそう？」 |
| ねこ | 「まつゆきそうは春に咲く花よ」 |
| おんどり | 「こんな真冬に見つかりっこないよ」 |
| マルーシカ | 「でも、お母さんの言いつけだから」 |
| いぬ | 「じゃあ、ぼくたちもいっしょに行くよ」 |
| ねこ | 「ぼくたち？」 |

❺

　　　　　　　ねこ、少し下がってモジモジしている。…❺

| | |
|---|---|
| マルーシカ | 「大丈夫。わたし1人で行けるから」 |

　　　　　　　すると、ねこ、前に出てきて、

| | |
|---|---|
| ねこ | 「1人はダメ。寒いのは苦手だけど、わたしも行く」 |
| おんどり | 「ぼくだって」 |
| いぬ | 「きみがいやだって言っても」 |
| ナレーター全員 | 「ぼくたち、ついて行くからね」 |
| マルーシカ | 「みんな、ありがとう」 |

　　　　　　　いぬを先頭に歩き出し、上手（かみて）に退場。下手（しもて）より、うさぎがナレーター定位置に登場。ナレーションの間に

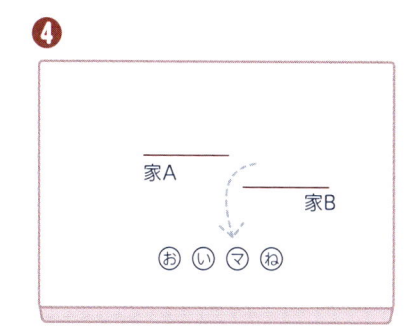

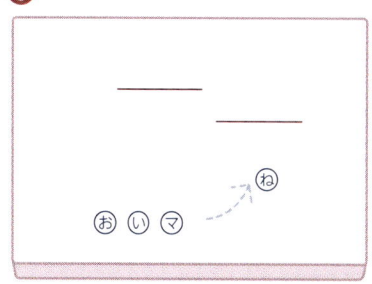

9 12の月のおくりもの

> セット変換：マルーシカの家→森のなか（冬） …❻

冬の妖精、森のセット裏に待機。

**[舞台上：森のなか]**

| | |
|---|---|
| うさぎ❶ | 「それにしても、いじわるなまま母だなぁ」 |
| うさぎ❷ | 「冬の森でまつゆきそうを探してこいなんて……」 |
| うさぎ❶ | 「大丈夫かなぁ？」 |
| うさぎ❷ | 「心配だから、ついて行こう」 |
| うさぎ❶ | 「うん」 |

うさぎ、追いかけるように上手(かみて)に退場。
上手(かみて)から、マルーシカと動物たち登場
（うさぎもいっしょ）。…❼

| | |
|---|---|
| おんどり | 「周りじゅう雪で真っ白だ」 |
| ねこ | 「まぶしくて、よく見えない」 |
| うさぎ❶&❷ | 「わたしたち、迷子になったみたい」 |
| いぬ | 「困ったなぁ……」 |

すると、不思議な音楽とともに
冬の妖精登場。…❽

| | |
|---|---|
| 冬の妖精全員 | 「わたしたちは、冬の妖精」 |
| 冬の妖精❶&❷ | 「あなたたちを迎えにきたわ」 ➡演出のワンポイント119ページをチェック！ |
| 冬の妖精❸ | 「さあ、ついていらっしゃい」 |

冬の妖精とマルーシカたちが舞台を1周する。
その間に12の月の精がセットを動かして前方
に登場。たき火を囲んで座る。
マルーシカと動物たちは
舞台下手(しもて)寄りで止まる。…❾

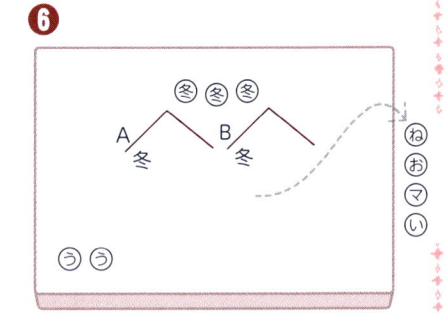

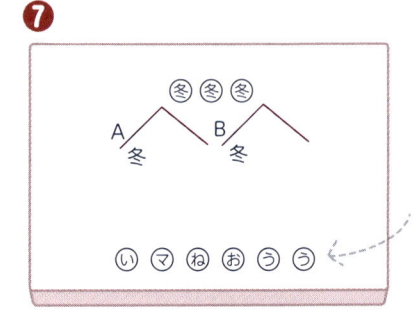

マフラーや手袋を
身につけると雰囲気が出る。

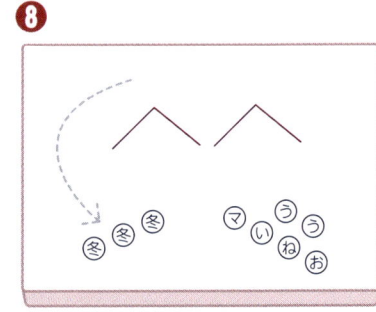

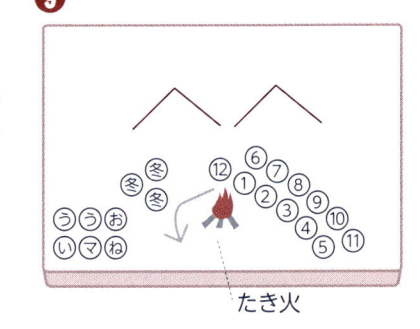

冬の妖精がかけ寄ると、12・1・2月が
立ち上がる。12月がつえを持っている。…⑩

| | |
|---|---|
| 12月 | 「わしは、12月」 |
| 1月 | 「わたしは1月」 |
| 2月 | 「ぼくは2月だよ」 |
| 3つの月全員 | 「冬の森に、なにをしにきたんだ」 |
| マルーシカ | 「まつゆきそうを探しにきました」 |
| 2月 | 「まつゆきそうだって？」 |
| 1月 | 「まつゆきそうは春に咲く花だ」 |
| 12月 | 「春まで待ちなさい」 |
| マルーシカ | 「でも、お母さんの言いつけなんです」 |
| いぬ＆ねこ | 「まつゆきそうを見つけなければ」 |
| おんどり | 「家に帰れないんです」 |
| うさぎ❶＆❷ | 「どうか助けてください」 |
| 動物たち全員 | 「よろしくお願いします」 |
| 12月 | 「わかった、少しの間だけ席を譲ることにしよう」 |

12月、つえを3月に渡す。3・4・5月、舞台前方に出てくる。…⑪

| | |
|---|---|
| 3月 | 「春風よ吹け」 |
| 4月 | 「木も草も花も」 |
| 5月 | 「鳥も動物も」 |
| 3つの月全員 | 「みんな、目を覚ませ」 |

春の妖精が登場。音楽に合わせて
踊りながら

**ブック型背景セットをめくる：冬→春**

背景が変わるのを見て、みんな驚く。…⑫
春の妖精が最後に花をマルーシカに渡す。

| | |
|---|---|
| 春の妖精全員 | 「わたしたちは春の妖精」 |

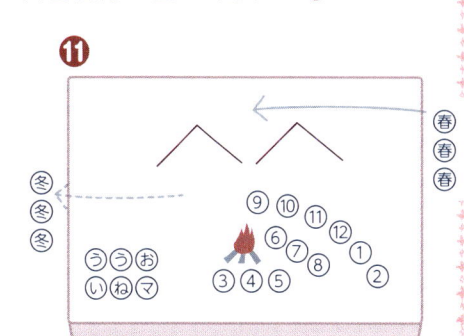

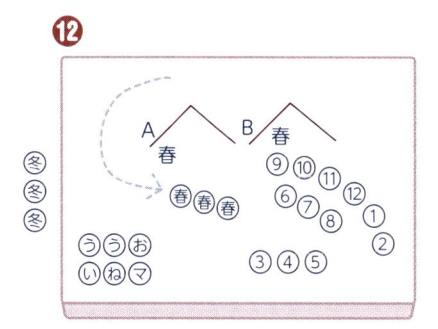

**9　12の月のおくりもの**

| | |
|---|---|
| 春の妖精❶ | 「まつゆきそうの花をどうぞ」 |
| 春の妖精❷ | 「これを持って、おうちに帰りなさい」 |
| マルーシカ | 「ありがとう」 |
| 12月 | 「では、急いで季節を進めよう」 |
| おんどり | 「えっ、冬に戻すんじゃないの？」 |
| 3月 | 「季節は後戻りできないんだ。次は夏の番だよ」 |

　　　　6・7・8月が、舞台前方に出てくる。7月につえを渡し、3・4・5月は元の位置に戻る。…⓭

| | |
|---|---|
| 6月 | 「雨は、命を育て」 |
| 7月 | 「太陽は、命を照らす」 |
| 8月 | 「草も木も、人も動物も」 |
| 3つの月全員 | 「大きくなれ！　天まで届け！」 |

　　　　夏の妖精登場。踊りながら

> ブック型背景セットをめくる：春→夏

　　　　舞台上はみるみる夏になっていく。
　　　　みんな、暑そうにマフラーや手袋を脱ぐ。…⓮

| | |
|---|---|
| 夏の妖精全員 | 「わたしたちは夏の妖精」 |
| 夏の妖精❶&❷ | 「ひまわりの花もきれいでしょ」 |
| 夏の妖精❸ | 「すいかもどうぞ」 |
| 12月 | 「ほらほら、急ぐのじゃ」 |
| 7月 | 「次は秋の番だよ」 |

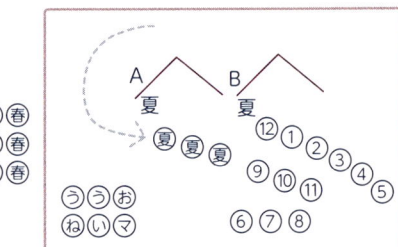

　　　　9・10・11月が舞台前方に出てくる。
　　　　10月につえを渡し、6・7・8月は元の位置に戻る。…⓯

| | |
|---|---|
| 9月 | 「秋風よ、吹け」 |
| 10月 | 「木の葉よ、踊れ」 |
| 11月 | 「野菜、果物、命」 |

| | | |
|---|---|---|
| 3つの月全員 | 「たくさんの実りに感謝しよう」 | ❶ |

秋の妖精登場。踊りながら

> ブック型背景セットをめくる：夏→秋

舞台上はみるみる秋になっていく。…❶

| | | |
|---|---|---|
| 秋の妖精全員 | 「わたしたちは秋の妖精」 | ❶ |
| 秋の妖精❶&❷ | 「ぶどうにきのこ」 | |
| 秋の妖精❸ | 「おいももどうぞ」 | |
| 12月 | 「もう、時間がないぞ」 | |

9月、急いで12月につえを渡す。
そのとたん、冬の妖精が登場して、
セットを冬に戻す。

> ブック型背景セットをめくる：秋→冬

9・10・11月と12・1・2月が入れ替わる。…❶

| | | |
|---|---|---|
| 12月 | 「雪よ降れ、大地よ凍れ」 | ❶ |
| 1月 | 「木も草も動物たちも」 | |
| 2月 | 「深い眠りにつけ」 | |
| 12月 | 「やれやれ、これで元どおりだ」 | |
| マルーシカ | 「ありがとうございました」 | |
| 3月 | 「気をつけて帰るんだよ」 | |
| マルーシカ&動物たち全員 | 「はい」 | |

12の月の精と冬の妖精、手を振って見送る。マルーシカ&動物たち、手を振りながら下手(しもて)に退場。ただし、うさぎはナレーター定位置に残る。
うさぎのナレーションの間に、12の月の精が

> セット変換：森のなか(冬)→マルーシカの家

12の月の精はそのままセット裏に待機。…❶

**9 12の月のおくりもの**

[舞台上：マルーシカの家]

|うさぎ**1**|「こうして、マルーシカと動物たちは家に帰りました」|
|うさぎ**2**|「これで、おしまい？」|
|うさぎ**1**|「ううん、まだ続きがあるよ」|

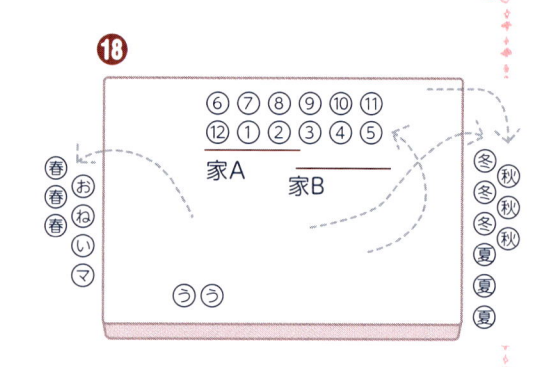

    ナレーター交代。うさぎは退場して、
    いぬ・ねこ・おんどり登場。定位置についたら、まま母の声。…⑲

|まま母(声)|「どうして、もっとたくさんもらってこなかったんだい。まったくお前は役立たずだねぇ。今度はわたしが自分で行くとしよう」|

    ＢＧＭ♪　ドアが開く音、閉まる音

|ナレーター全員|「あーあー、行っちゃった……」|

    見えないまま母を見送るように、
    少し間をおいてから、

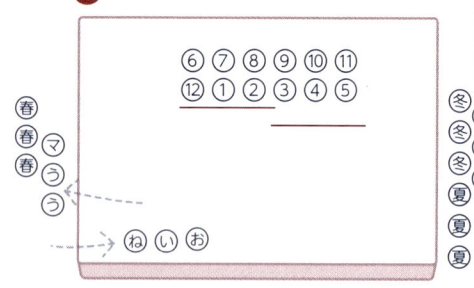

|いぬ|「こうして、冬の森に出かけて行ったまま母は」|
|ねこ|「二度と帰ってきませんでした」|
|おんどり|「マルーシカはどうなったの？」|
|いぬ|「大丈夫。元気に大きくなって」|
|ねこ|「3月みたいに素敵な若者と結婚して」|
|いぬ＆ねこ|「幸せに暮らしたそうです」|
|おんどり|「めでたしめでたし、だね」|

[舞台上：フィナーレ]

    下手(しもて)・上手(かみて)・セット裏から全員登場して、舞台上に整列。
    全員でフィナーレの歌を歌う。…⑳

第2章　世界の昔話で楽しむ 劇あそび脚本

**全員 歌♪**
「12の月のおくりもの」

『じゅうにのつきが　つえをふれば
きせつはめぐり　いのちもめぐる
はるにめざめ　なつにそだち
あきにみのり　ふゆにねむる
もりは　もりは　もりはいきている』

—歌が流れるなか、幕—

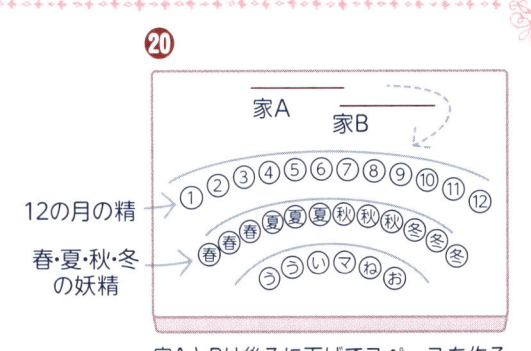

**⑳**

家A　家B
12の月の精 → ①②③④⑤⑥⑦⑧⑨⑩⑪ ⑫
春・夏・秋・冬の妖精 → 春春夏夏夏秋秋冬冬冬
ううい マ ね お

家AとBは後ろに下げてスペースを作る（12の月の精がセット移動）。舞台が広い場合は、春の場面を開くと華やかになる。

### ワンポイント

妖精は、ブック型背景セットのページをめくる役ですが、手間取って間が空くこともあるので、妖精役の半数は背景担当、残りは前で踊ったり、紙吹雪をまいたりする盛り上げ役を担当するとよいでしょう。

花吹雪や紙吹雪をまくと後片づけが大変、という場合には"特製ひも付き花吹雪"がおすすめです。荷造り用ビニールひもに色紙や色画用紙で作った花や雪の結晶（冬用）をはりつけます。かごや袋に入れて持ち、パーッとまいてみましょう。片づけは、ひもを引いてかごに回収するだけなので簡単です。

## 12の月のおくりもの
作詞・作曲　わたなべ　めぐみ

じゅう にのつき が　つえを ー ふれ ば　き せつは め ぐり いの
ち も めぐ る　は る にめざめ　なつ にそだち　あき にみのり
ふゆ にねむる　も り は　も り は　もりはいきてい る

**9　12の月のおくりもの**

劇あそび
シナリオ
No.10

千一夜物語（アラビアンナイト）より
# こうのとりになった王さま

対象年齢：4・5歳児　　人数：15〜20人

> 不思議な呪文でこうのとりに変身した王さま。でも、笑ってしまったために、人間に戻る呪文を忘れてしまいます。長いお話なので、幼児にもわかりやすいように脚色しました。変身する場面をドラマチックに演じるのがポイントです。

| 登場人物 | ナレーター(すずめ) — 3　王さま — 1　大臣 — 2　商人(魔法使い) — 1<br>手下(魔法使い) — 2　こうのとり — 5　ふくろう(お姫さま・お付き) — 3<br>※人数が多い場合は、こうのとりや手下を増やしましょう。 |
|---|---|
| 場面設定 | 【1幕4場】お城の広間 ➡ 水辺 ➡ 森 ➡ 城壁の前 |

## セット

### ついたて&木（大1小2・リバーシブル）　材料／段ボール板

ついたては段ボール板を白く塗り、金色で模様をかく。裏側には木をかき、左右に支柱をつける。支柱にも絵をかくと立体的な感じになる。

＊小サイズは、大サイズの半分の幅のものを作りましょう。

## 王さまのいす　材料／段ボール板、段ボール箱、牛乳パック、布（赤）

背もたれのあるいす（食堂いすのような）があれば、それを使う。なければ、段ボール箱と段ボール板で作る。

①段ボールに牛乳パックを詰めて、丈夫にする。

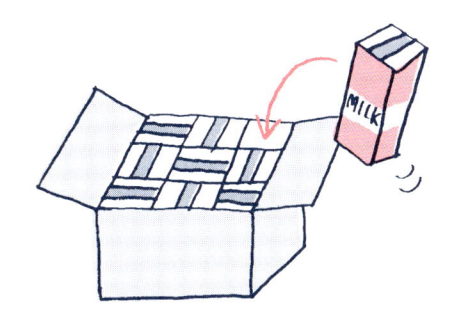

②段ボールにふたをしたら、段ボール板1枚を背面にはりつける。

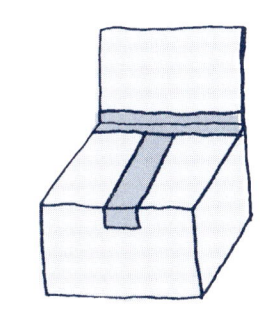

③上から布をかけて、すっぽり包む。

## 城壁　材料／段ボール板、色画用紙

①段ボール板を屏風状につないではり合わせ、上の部分を切り取る。不安定なら、両側に支柱をつける。

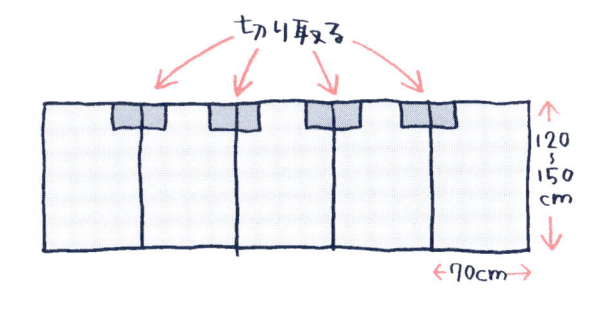

②石垣風の模様をつける。グレーやこげ茶色などの色画用紙をパッチワーク風にはってもよい。

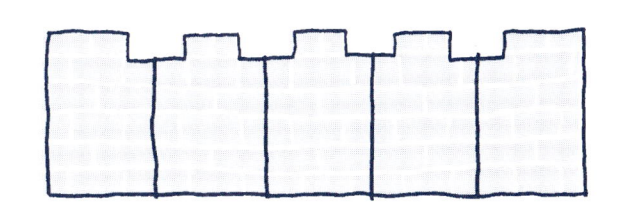

120～150cm
70cm

＊サイズは、舞台の広さや子どもの身長に合わせて作りましょう。

## 小道具

### 箱　材料／空き箱（8センチ角くらいのふた付きのもの）、色画用紙（黒）

空き箱に黒の色画用紙をはりつける。黒い空き箱があれば、それを使う。

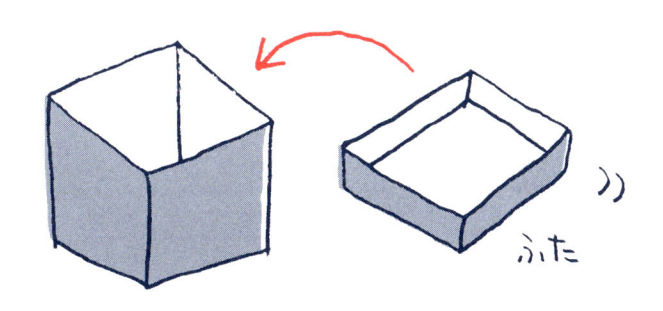

ふた

## テーブル　材料／段ボール板、牛乳パック、布

①段ボール板を丸く切る。

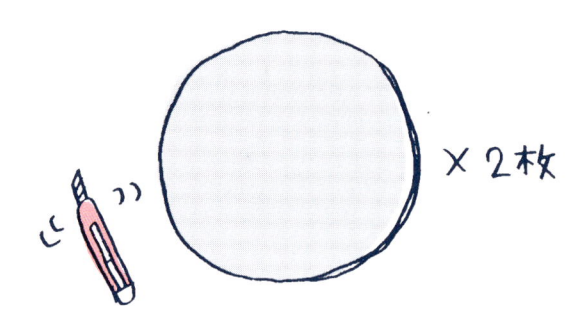

②牛乳パックをつなぐ。
- はめ込んでテープではる
- 底同士をはり合わせる

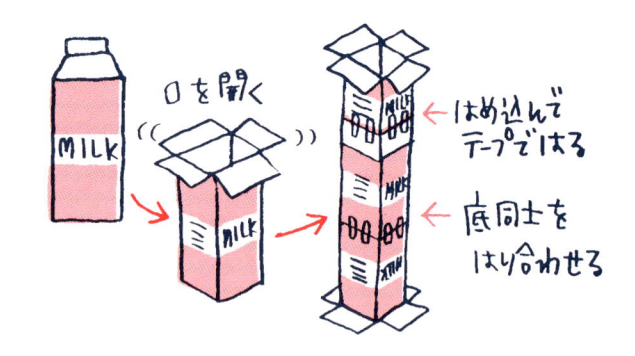

③パックの上下に①をはりつける。
- はりつける　上も同様

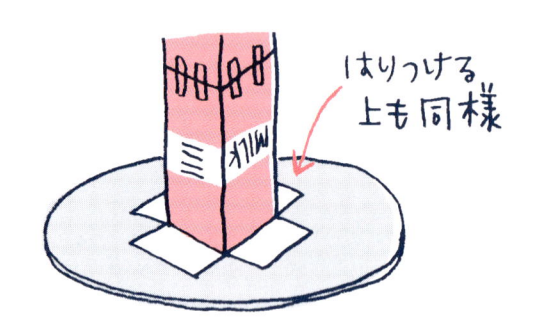

④色を塗って、布をかけたら完成。

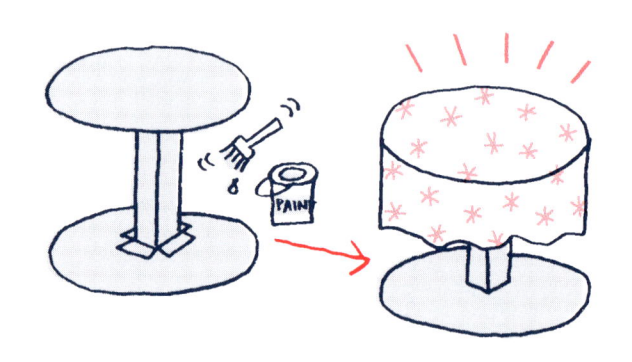

## 衣装

### 王さま・大臣（こうのとりとリバーシブル）
### お姫さま・お付き（ふくろうとリバーシブル）

❖**アラビア風パンツ**　材料／不織布、平ゴム

①不織布を切る。
- 50cm
- 約25cm
- 約65cm
- 25　10　25

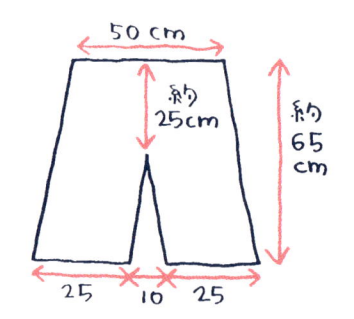

②2枚を縫い合わせる。
- 縫う

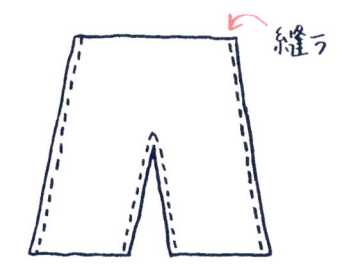

③ウエスト部分とすそを3つ折りにし、平ゴムをはさんで縫う。裏返したら完成。
- 3つ折り
- ゴムをはさんで縫う

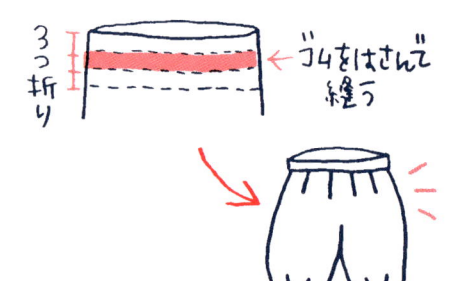

＊サイズは目安です。子どもの身長に合わせて調節してください。

第2章　世界の昔話で楽しむ 劇あそび脚本

## ❖アラビア風かぶりもの　材料／厚紙、布、輪ゴム2本、裏地布のような薄い布（50×50センチ角・白または水色）

①厚紙と輪ゴムで作った帯に、布をはる。色画用紙や金紙、銀紙など、役によって変化をつける。

②頭に薄い布をかぶり、上から①でとめる。

## ❖マント（こうのとり・ふくろうとリバーシブル）　材料／不織布、面ファスナー

①不織布を切る。不織布は色違いで2枚用意する。

②不織布を3つ折りにして、面ファスナーを縫いつけて周りをかがり、とめ具を作る。面ファスナーは、表裏とも凸面をつける。

③①に②をはさみ込んで縫う。

④③を裏返し、マント本体にも面ファスナーを縫いつける。面ファスナーは表裏とも凹面をつける。上部はかがっておく。

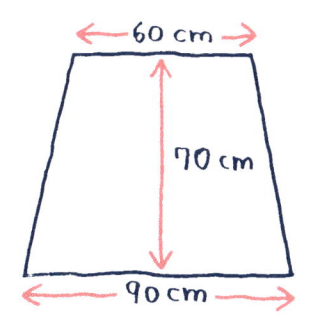

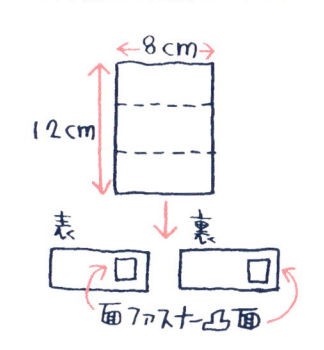

⑤マントの鳥側の面に不織布のフリンジを3段重ねにはる。フリンジの色は、こうのとりは白、ふくろうはこげ茶色。

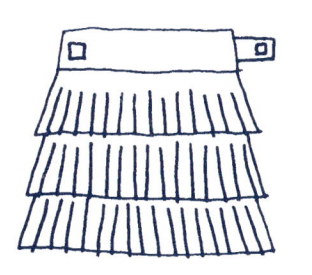

＊フリンジは長め（10～12センチ）にするときれい！

### 王さま

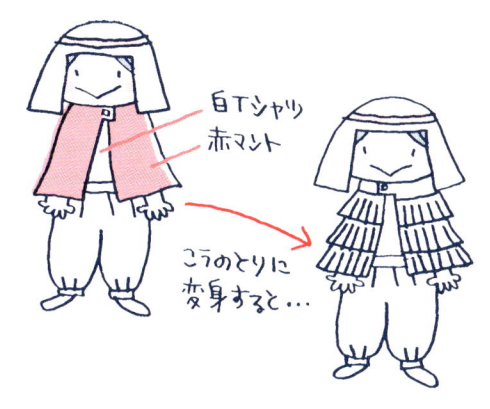

＊大臣の衣装は、王さまと色違いのものを用意しましょう。

### 衣装の色（例）

|  | かぶりもの帯 | マント（人） | マント（鳥） |
|---|---|---|---|
| 王さま | 金 | 赤 | 白 |
| ワン大臣 | 銀 | 青 | 白 |
| ツー大臣 | 銀 | 緑 | 白 |
| お姫さま | 金 | 赤 | 薄茶 |
| お付き | 銀 | ピンク | 茶 |

### ワンポイント

王さま、大臣、お姫さま、お付きは同じ衣装なので、色で変化をつけましょう。全員が並んだ場面をイメージして配色すると、舞台映えします。

10 こうのとりになった王さま

## 商人（魔法使い）＆手下

アラビア風パンツ＋アラビア風かぶりもの＋基本のスモック（作り方は141ページ参照・ロング丈に作る）

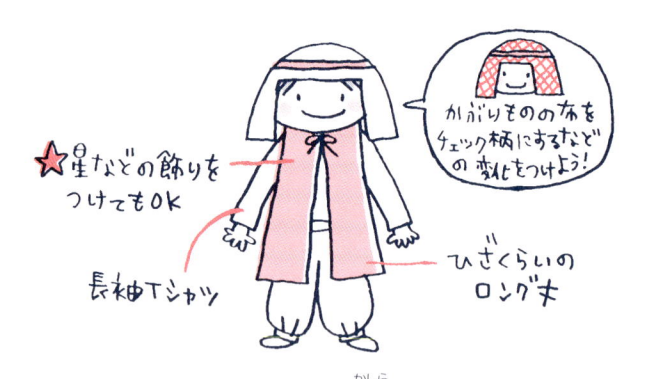

- ★星などの飾りをつけてもOK
- 長袖Tシャツ
- ひざくらいのロング丈
- かぶりものの布をチェック柄にするなどの変化もつけよう！

＊3人とも同じ衣装でOKですが、お頭（かしら）と手下で配色を逆にしたり、かぶりものを変えると楽しいですね。

## すずめ（ナレーター）

衣装の作り方は、「ねずみのよめいり」（9ページ）を参照。

- ❖ **衣装** 材料／布（不織布でも可）、綿ロープ（ひも）
- ❖ **帽子** 材料／布（伸縮性のあるもの）、フェルト、綿、動眼2個

フリンジ付きスモック

## こうのとり

基本のスモック（作り方は141ページ参照）にフリンジ付きの羽を縫いつけたものとお面を作る。

❖ **お面** 材料／厚紙、輪ゴム2本、不織布（白）、色画用紙

① 厚紙と輪ゴムで作った帯に、不織布をはる。不織布は、大、中、小の順に重ねばりする。

- 大 20cm
- 中 15cm
- 小 10cm
- 頭囲

② 厚紙と色画用紙で作ったくちばしをはりつける。

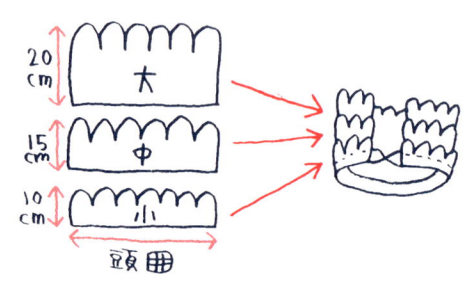

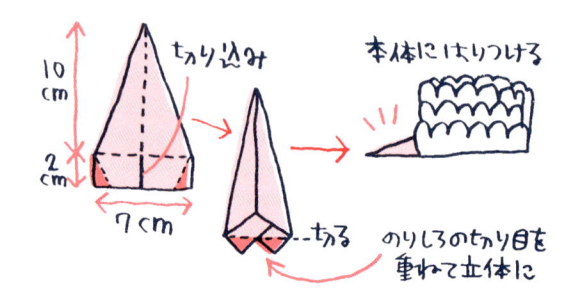

- 10cm
- 2cm
- 7cm
- 切り込み
- 本体にはりつける
- きる
- のりしろの切り目を重ねて立体に

❖ **衣装** 材料／布（不織布でも可・白）、不織布（白）、裏地布（白）、綿ロープ（ひも）、平ゴム（6cm×2本）

① 白い布で基本のスモック（作り方は141ページ参照）を作る。

② 白の裏地布を半円形に切り、白の不織布のフリンジをはりつけて羽を作る。両端に平ゴムを輪にして縫いつける。

- （目安）100〜120cm
- 平ゴムを輪にしたもの

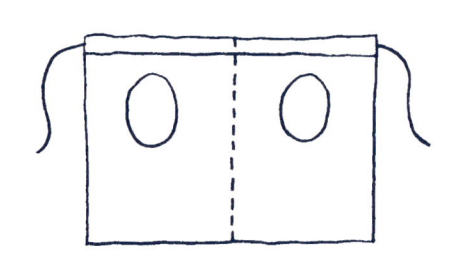

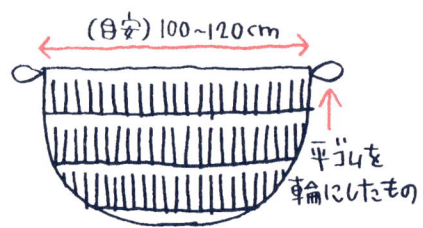

③ ①の背中部分に②を縫いつける。

- 前
- 後
- 白長袖Tシャツ
- 平ゴムを指にかける
- ズボンまたはタイツ

# 千一夜物語（アラビアンナイト）より こうのとりになった王さま シナリオ

第2章　世界の昔話で楽しむ 劇あそび脚本

| 言葉・動きの<br>中心となる役 | 劇の進め方・舞台の配置・動き・せりふなど |
|---|---|
| | [舞台上：お城の広間] …❶ |
| ナレーター(すずめ)❶ | 「ここはアラビアの町、バグダッド」 |
| ナレーター❷ | 「もしかして、アラジンやシンドバッドが住んでいる町？」 |
| ナレーター❶ | 「そうそう」 |
| ナレーター❸ | 「あそこにいるのは、王さまのカリフ・カシドです」 |
| | ナレーターたち、舞台中央を手で示す。<br>舞台中央の王座に、王さまが座っている。<br>そこに手紙を持ったワン大臣が、上手（かみて）から登場。<br>入れ替わりにナレーター、下手（しもて）に退場。…❷ |
| ワン大臣 | 「王さま、隣の国の王さまからお手紙でございます」 |
| | 王さま、手紙を読み始めると、勢いよく立ち上がる。 |
| 王さま | 「大変だ。隣の国のお姫さまがいなくなったそうだ」 |
| ワン大臣 | 「それは大変。わたしたちもいっしょに探しましょう」 |
| | そこにツー大臣が商人と手下たちを連れて下手（しもて）から登場。…❸ |
| ツー大臣 | 「王さま、めずらしいお客さまがお見えになりました」 |

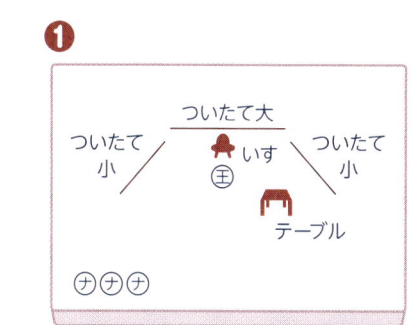

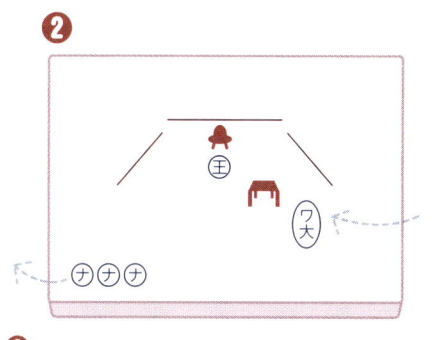

10 こうのとりになった王さま

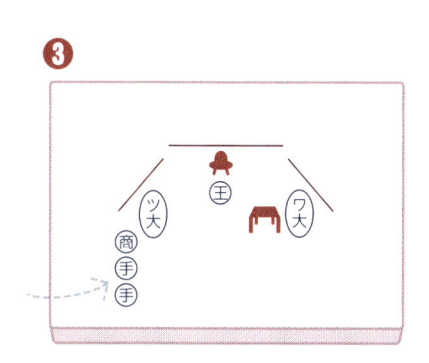

　　　　　　　　　商人と手下たち、王さまの前でひざを曲げて挨拶。

商人　　　「わたしたちは、砂漠を越えてやってきた商人です」
手下❶　　「きょうは王さまに贈り物を持ってまいりました」
王さま　　「贈り物？」
手下❷　　「はい王さま、特別な贈り物です」

　　　　　　　　　手下❷が黒い箱を取り出す。

手下❷　　「これは、動物に変身できる、魔法の粉でございます」
商人　　　「粉のにおいをかいだあと、呪文をとなえれば、どんな動物にもなれるのです」

　　　　　　　　　手下❶がポケットから紙切れを取り出して読む。

手下❶　　「魔法の呪文は『ムタボウル』です」

　　　　　　　　　王さまが身を乗り出す。前方に移動。…❹

王さま　　「こうのとりに、なれるか？」
手下❶　　「もちろんです、王さま」
手下❷　　「ライオンにでも、ぞうにでも、きりんにでも……」
王さま　　「わたしは、こうのとりになりたいのだ。こうのとりになって、空から姫を探すのだ」
ワン大臣　「それはよい考え。さすがは王さまです」
ツー大臣　「わたしたちも、お供しましょう」
商人　　　「人間に戻るときは、東に向かって３度おじぎをして、また呪文をとなえてください」
王さま　　「意外と簡単だな」
手下❶　　「はい、王さま。でも、１つだけ、約束してください」
手下❷　　「変身している間は、絶対に笑わないこと！」
商人　　　「笑うと、呪文を忘れて、人間に戻れなくなります」
王さま　　「わかった。絶対に笑わない」
大臣たち　「わたしたちも絶対絶対、笑いません」
商人＆手下全員　「それなら、大丈夫でしょう」

第2章　世界の昔話で楽しむ 劇あそび脚本

手下❶＆❷、箱と紙切れをツー大臣に渡す。
全員、舞台前方で歌い踊る。

全員 歌♪　『 1番 まほうのこなと　ひみつのことば　かいで　…❺
「ムタボウルのうた」　　 2番 ひがしをむいて　さんかいおじぎ　じゅもんを　…❻
となえて　だいへんしん
でも　でも　たいへん　きをつけて
もしも　うっかり　わらったら
にどと　もとには　もどれない
ム・タ・ボウル　ムタボウル』

歌っている間に、商人たちは静かに下手に退場。
歌い終わって、キョロキョロする王さまと大臣たち。…❼

王さま　　「商人たちは、どこに行ったんだ」
ワン大臣　「いつの間に、帰ったんでしょう？」
ツー大臣　「王さま、ご安心を。粉と紙切れは私が
　　　　　持っています」
王さま　　「では、試してみよう」

　　　　　王さまと大臣２人は、箱のなかの
　　　　　粉をひとつまみ取るしぐさをする。
　　　　　箱と紙切れは、そばのテーブルに
　　　　　置く。…❽A
　　　　　その後、大臣２人とともに横並びで粉
　　　　　のにおいをかぐ。…❽B

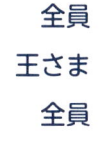

全員　　　「くんくんくん」
王さま　　「では、呪文をとなえるぞ。いちにのさん、はい」
全員　　　「ムタボウル」

　　　　　となえながら、不思議な音楽とともに、着ている
　　　　　マントを裏返す（こうのとりの衣装）。

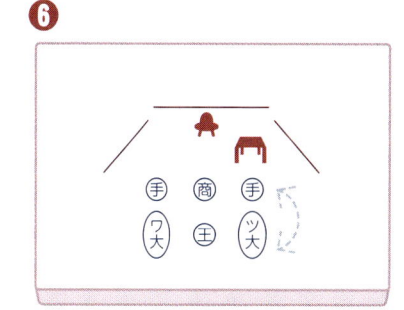

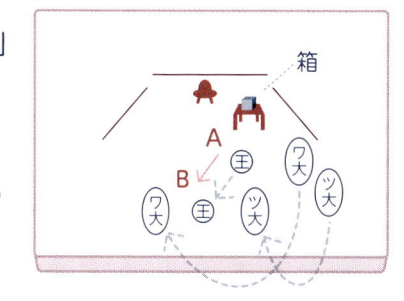

❺ 前列と入れ替わる。

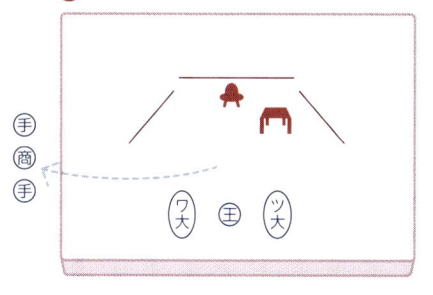

10 こうのとりになった王さま

お互いの姿を見て驚き合う。…❾

| | |
|---|---|
| 全員 | 「おーっ」「わぁ」「すごい」（アドリブで） |
| ワン大臣 | 「王さま、私たち、こうのとりになっています」 ❾ |
| ツー大臣 | 「本物の魔法だったんですね」 |
| 王さま | 「よいか、絶対に笑ってはならんぞ」 |
| ワン大臣 | 「はい、王さま」 |
| ツー大臣 | 「絶対絶対、笑いません」 |
| 王さま | 「元に戻るときは、東を向いて3度おじぎをして」 |
| 全員 | 「ムタボウル」 |
| 王さま | 「よし。では、姫を探しに行くぞ」 |
| 大臣たち | 「はい、王さま」 |

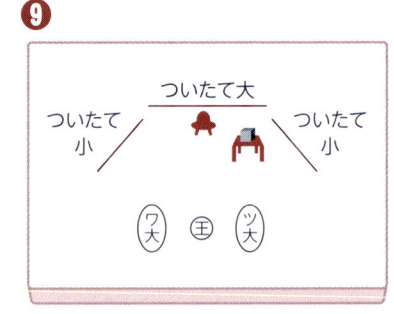

王さまと大臣たち、羽をはばたかせながら上手（かみて）に退場。
下手（しもて）からナレーター登場。ナレーションの間に

**セット変換：お城の広間→水辺** …❿

[舞台上：水辺]

| | |
|---|---|
| ナレーター❶ | 「大丈夫かなぁ、王さま」 |
| ナレーター❷ | 「なんか、いやな予感がする……」 |
| ナレーター❸ | 「どうして？」 |
| ナレーター❷ | 「だって、絶対笑わないなんて無理だよ」 |
| ナレーター❶&❸ | 「確かに」 |

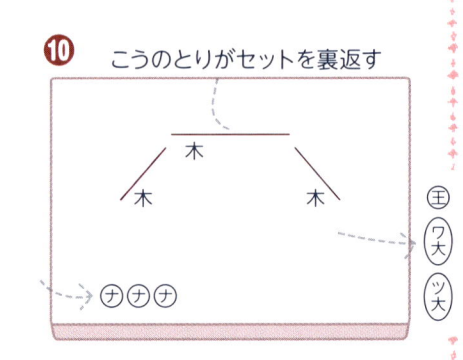

舞台上、下手（しもて）よりこうのとりの群れ登場。ナレーター退場。
思い思いに歩いたり、はばたいたり、えさを食べるポーズ。
そこに、上手（かみて）より王さま＆大臣たちが疲れた感じで登場。…⓫

| | |
|---|---|
| ワン大臣 | 「お姫さま、いませんねぇ」 |
| 王さま | 「空から探せば、すぐに見つかると思ったんだがなあ」 |
| ツー大臣 | 「あっ、本物のこうのとりだ」 |
| 王さま | 「ここで、ちょっとひと休みしよう」 |

　　　　　　　　　３人はこうのとりの群れの後ろに
　　　　　　　　　まぎれ込む。…⑫
　　　　　　　　　こうのとりの群れ、舞台前方に整列。
　　　　　　　　　おしゃべりを始める。

こうのとり❶　　「向こうの空き地に囲いができたよ」
こうのとり❷　　「へぇ」
こうのとり❸　　「お城の屋根に巣を作ろうとしたら、
　　　　　　　　　からすに邪魔された」
こうのとり❹　　「やぁねぇ」
こうのとり❺　　「バグダッドの空に虹がかかるのはなん時？」

　　　　　　　　　こうのとり❺がワン大臣に話しかける。

ワン大臣　　　　「えっ、なん時って聞かれても……」…⑬
ツー大臣　　　　「雨上がり、じゃないの？」
王さま　　　　　「簡単だ。虹だから２時だろう」
大臣たち　　　　「なんだ、そうか。アッハッハッハッ」
王さま　　　　　「アッハッハッハッ……。あっ、しまった」

　　　　　　　　　あわてて口を押さえる３人。

王さま　　　　　「えーっと、呪文の言葉は……」
ワン大臣　　　　「ム……ム……ムーン？」
ツー大臣　　　　「……ドール？」
王さま　　　　　「マタドール！」
こうのとり全員　「それは、闘牛士！」
王さま＆大臣たち「だめだ、思い出せない」

　　　　　　　　　その場に座り込む。

王さま　　　　　「もう、人間に戻れないかも」
大臣たち　　　　「こうのとりのままか」

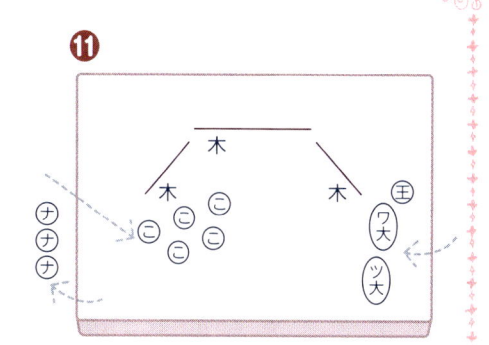

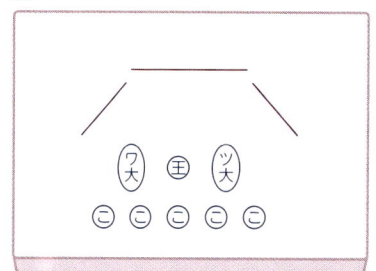

⑪

⑫

⑬

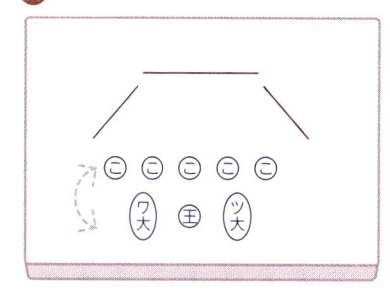

こうのとりがさりげなく後ろに
下がると、自然に入れ替わる。

❿ こうのとりになった王さま

| | | |
|---|---|---|
| こうのとり2 | 「あら、いいじゃないの、こうのとりで」 | ⓮ |
| こうのとり3 | 「わたしなんか、生まれたときからこうのとりよ」 | |
| こうのとり4 | 「さあ、どじょうでも食べに行きましょう」 | |
| こうのとり5 | 「行こう行こう」 | |

　　　　　　　こうのとりの群れ、下手（しもて）に退場。…⓮
　　　　　　　王さま＆大臣、舞台前方をうろうろしな
　　　　　　　がら歌う間に木のセットを横一列に並べ、
　　　　　　　裏にふくろうが待機。…⓯

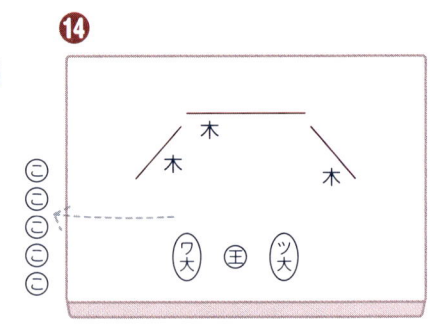

**セット変換：水辺→森**

**[舞台上：森]**

| 王さま＆大臣たち 歌♪<br>「こうのとりに<br>なった王さまⒶ」 | 『こうのとりになった　おうさま<br>じゅもんをわすれた　おうさま<br>もう　もとに　もどれない<br>もう　にんげんに　もどれない<br>こうのとりになった　おうさま』 | ⓯ |
|---|---|---|

　　　　　　　歌が終わると、どこかから泣き声。

| ワン大臣 | 「誰かが泣いています」 | ⓰ |
|---|---|---|
| ツー大臣 | 「木の上から聞こえるぞ」 | |
| 王さま | 「泣いているのは誰だ？」 | |

　　　　　　　セット裏からふくろう登場。…⓰

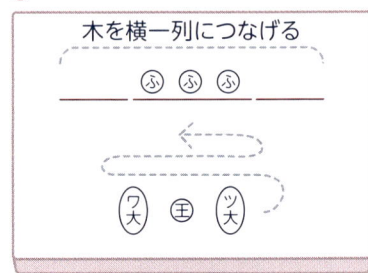

| ふくろう1 | 「わたしたちは、悪い魔法使いにふくろうにされた者です」 |
|---|---|
| ふくろう2 | 「元に戻る呪文を知っているのは、魔法使いだけ」 |
| 王さま | 「その魔法使いは、どこにいるのだ？」 |
| ふくろう3 | 「バグダッドのお城にいる王さまです」 |
| ワン大臣 | 「そんなはずはない」 |
| ツー大臣 | 「王さまはここにいる」 |

| | |
|---|---|
| ふくろう❶ | 「いいえ、ここにいるのはこうのとり」 |
| ふくろう❷ | 「もう、王さまではありません」 |
| ふくろう❸ | 「悪い魔法使いが新しい王さまになったのです」 |
| 王さま | 「大変だ。大臣、これから城に戻るぞ」 |
| ふくろう全員 | 「わたしたちも、連れて行ってください」 |

王さまたちに続き、ふくろう全員、
はばたきながら上手(かみて)に退場。…⓱

**セット変換：森→城壁の前**

上手(かみて)から城壁のセットを出し、
王さま・大臣・ふくろうはセット裏に待機する。
下手(しもて)から魔法使い登場。…⓲

### [舞台上：城壁の前]

| | |
|---|---|
| 手下❶ | 「それにしても、うまくいきましたね、お頭(かしら)」 |
| 手下❷ | 「今ごろ、どうしているでしょうねぇ、王さまたち」 |
| 魔法使い | 「どこかで、どじょうでも食べているんじゃないか」 |
| 魔法使い&手下全員 | 「ハッハッハッハッ」 |

魔法使いたち、歌い出す。…⓳

| | |
|---|---|
| 魔法使い&手下全員 歌♪ | 『ひがしをむいて　さんかいおじぎ |
| 「ムタボウルのうた」 | じゅもんを　となえて　だいへんしん |
| （2番） | でも　でも　たいへん　きをつけて |
| | もしも　うっかり　わらったら |
| | にどと　もとには　もどれない |
| | ム・タ・ボウル　ムタボウル』 |

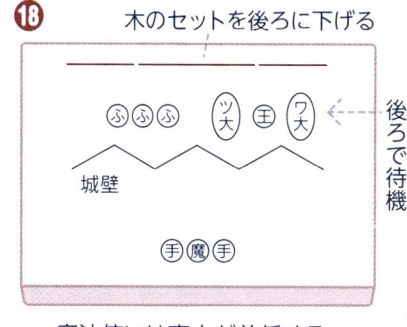

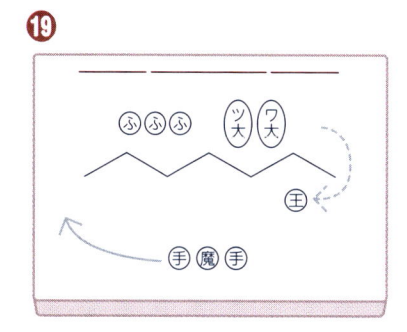

歌い終わったとたんに、セットの後ろから王さまが飛び出しながら叫ぶ。

| | |
|---|---|
| 王さま | 「呪文がわかったぞ」 |

　　　　　　　　　　その声を合図に、大臣ほかも舞台中央に飛び出して整列する。…⑳

ワン大臣　　「王さま、東はこちらです」（客席を指さす）　⑳
王さま　　　「では、1回、2回、3回、せーのっ」

　　　　　　　魔法使い以外、3回おじぎをして、衣装を
　　　　　　　裏返しながら、

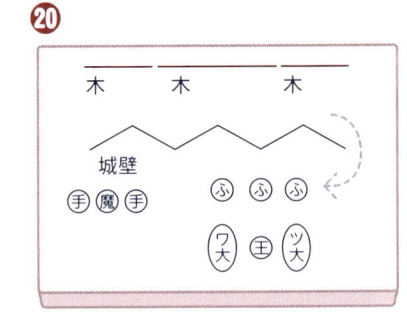

魔法使い以外全員　「ム　タ　ボ　ウ　ル」

　　　　　　　不思議な音楽とともに、王さま＆大臣、元に戻る。
　　　　　　　ふくろうはお姫さまとお付きになる。
　　　　　　　それを見て、魔法使い、逃げ出す。

王さま　　　　　　「あなたは、隣の国のお姫さまだったのですね！」
お姫さま　　　　　「王さまのおかげで、元に戻ることができました」　㉑
お姫さま＆お付き全員「ありがとうございました」
ワン大臣　　　　　「これで、めでたしめでたし、ですな」

　　　　　　　ナレーター、下手(しもて)から登場。
　　　　　　　こうのとりは上手(かみて)から登場。…㉑

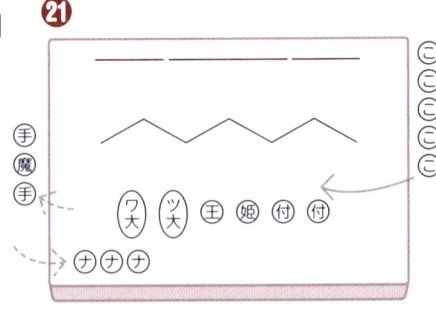

ナレーター❶　「悪い魔法使いは、砂漠の向こうに逃げて行きました」
ナレーター❷　「これで、しばらくはバグダッドに現れないでしょう」
ナレーター❸　「みなさんも、魔法とか変身には気をつけてくださいね」

全員 歌♪　　　『こうのとりになった　おうさま　　…㉒
「こうのとりに　　じゅもんがわかった　おうさま
なった王さま⑧」　ほら　もとに　もどれたよ
　　　　　　　　ほら　にんげんに　もどれたよ
　　　　　　　　こうのとりになった　おうさま』

　　　　　　　　　　　　　　　　　一幕一

## ワンポイント

人間からこうのとり、こうのとりから人間に変身する場面は、あわてるとうまくいきません。不思議な雰囲気を盛り上げるような、少しゆっくりしたＢＧＭをかけて、衣装（マント）を裏返しましょう。その方が、観客にも変身する瞬間がよく見えて、ストーリー展開がわかりやすくなります。子どもたちにも、「急がなくていいからね。変身するところをスローモーションで見せるんだよ」と、言葉かけします。間を空けて並んだ方が動きやすいので、立ち位置にも注意しましょう。

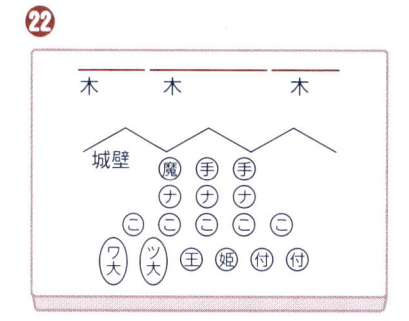

**㉒**

エンディングは全員整列する。歌のあとに挨拶をしてもよい。
（例）「○○組の劇『こうのとりになった王さま』はこれでおしまいです。ありがとうございました」

## ムタボウルのうた　作詞・作曲　わたなべ　めぐみ

1. まほうの　こないと　ひみつの　ことば　かいで　となえて
2. ひがしを　むいて　さんかい　おじぎ　じゅもんを

だいへんしん　でもでも　たいへん　きをつけて

もしも　うっかり　わらったら　にどと　もとには

もどれない　ムタボウル　ムタボウル

⑩ こうのとりになった王さま

## こうのとりになった王さま Ⓐ
作詞・作曲　わたなべ　めぐみ

こう のとりに なっ た おうさま ― じゅもんをわす れた おうさま
― もう も と に もど れな い もう にん げん に もど れな
い ― こう のとりに なっ た お う さ ま

## こうのとりになった王さま Ⓑ
作詞・作曲　わたなべ　めぐみ

こう のとりに なっ た おうさま ― じゅもんがわか っ た おうさま
― ほら も と に もど れた よ ほら にん げん に もどれた
よ ― こう のとりに なっ た お う さ ま

## 第3章

# 劇あそびの基本アイテム作り

劇あそびをスムーズに進めるための
脚本・舞台作りから、
お話の世界への想像をかき立てる
大道具や衣装などの基本アイテムの
作り方をご紹介します。

# 【劇の流れがよくわかる！巻紙台本作り】

台本は、劇の進行・せりふ・舞台設定など、演じるために必要な事柄をまとめた"トラの巻"のようなもの。劇あそびの流れを示すことで、子どもたちが劇全体を把握しやすくなり、「みんなで取り組もう！」という意欲の向上につながります。

そこでぜひ作りたいのが「巻紙台本」です。巻紙台本は、劇あそびの全体の流れを1枚の紙に書き出したもので、子どもたちにとっての台本はこの巻紙台本になります。台本は、劇に取り組む手がかりになる重要なものですから、子どもたちといっしょに意見を出し合いながら、わかりやすくて楽しい台本を作りましょう。

## ●作ってみよう！　巻紙台本

**用意するもの**
- 淡色のラシャ紙または4つ切り画用紙をつなげたもの（幅50cm×150〜200cmくらい）
- 鉛筆、油性ペン、色鉛筆、マーカー、定規

**作り方のポイント**
- 紙は書いたあとにつなげてもOK。その場合はのりしろ部分を1cm残しておくのを忘れずに！
- 壁にはったときに読みやすいように、台本は縦書きにする。
- あらかじめ鉛筆で罫線を引いておくと、きれいに書ける。
- 色鉛筆やマーカーで色分けしたり、イラストを入れたりするとわかりやすくなってGOOD！

- 1つのせりふはなるべく1〜2行以内に収めよう！
- 役名の横の（　）内に子どもの名前を書く（役が決まるまでは空けておく）
- 「せりふ」と「場面の説明・登場＆退場」は、文字の色を変えるとわかりやすい
- 「歌は赤」など、蛍光ペンやマーカーで色分けしてわかりやすく、また見た目に楽しい工夫をしよう。子どもが「楽しそう！」と思う台本にするのがポイント！
- 歌なら♪（音符）、王さま役なら王さまのイラストを役名の上にかいておくと、一目で誰のせりふかわかる！
- 舞台上の配置は、子どもにもわかりやすいように図で表す

第3章 劇あそびの基本アイテム作り

# 【基本をおさえよう！ 舞台作り】

**舞**台作りのための基本的な舞台構成や、子どもたちがリラックスして劇あそびを楽しむための、演出、舞台作りのポイントをご紹介します。

## ● 舞台作りの基本

● 舞台に向かって
  右側→「上手」（かみて）
  左側→「下手」（しもて）
  舞台の脇を「袖」（そで）といいます。

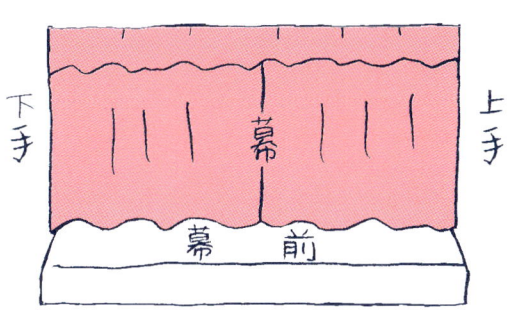

● 幕が閉まったときに舞台上にできるスペースを「幕前」といいます。司会進行役や保育者が客席に向かって話すときに使います。

### 本格的な舞台がない場合

会場を舞台と客席に区切り、天井などにカーテンレールを取りつけて幕を下げます。子どもの劇の場合、幕の開閉は初めと終わりだけということが多いので、幕はなくてもOKです。

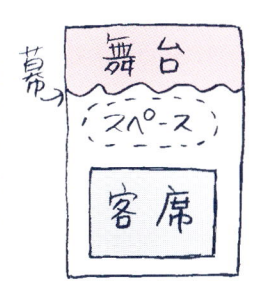

### 舞台はあるけれど袖がない場合

舞台端に昇降のための階段や踏み台を置き、そこに「ダミー壁」を立てて袖を作りましょう。観客から見えないので、出番を待つ子どもの待機場所としても使えます。

＊「ダミー壁」の作り方は138ページの「書き割りボード」の作り方参照。

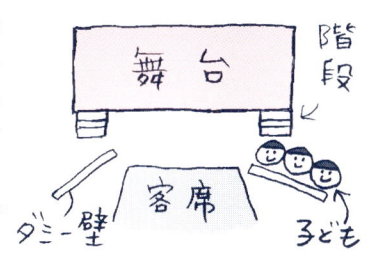

## 🌸 ワンランクアップの舞台作りテクニック

スペースが許すなら、客席に花道を作ってみましょう。舞台上と客席の一体感が生まれるし、子どもの姿が後ろの席の観客にも間近に見えるので盛り上がります。追いかける場面や移動する場面で使うと、臨場感が出ます。

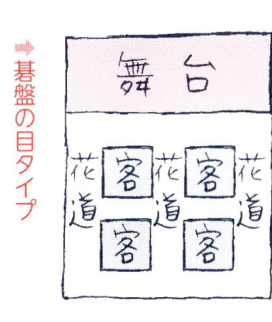

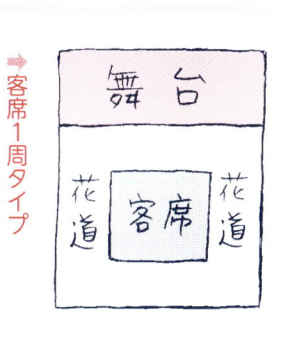

➡ 碁盤の目タイプ
➡ 客席1周タイプ

# 【これさえあれば大丈夫！大道具作り】

大道具作りのポイントは、「必要なものだけを作る」「子どもサイズ（短・小・軽）で作る」こと。本当に必要なものはなにかを子どもといっしょに考えて、子どもが持ち運びできる範囲のものを作りましょう。

## ● 書き割りボード（セット）の作り方

### 森バージョン　材料／段ボール板

❶ 段ボール板を折って、三角柱の支柱を２つ作る。

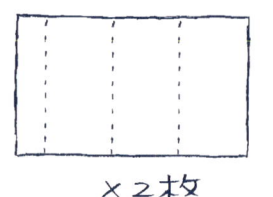

❷ 段ボール板で森を作り、裏側の左右に支柱をつける。リバーシブルの場合は、支柱にも色を塗ったり、絵をかいたりすると立体感が出る。

### 草バージョン　材料／段ボール板

❶ 段ボール板を切り、色を塗ったり、色画用紙をはりつけたりして彩色する。

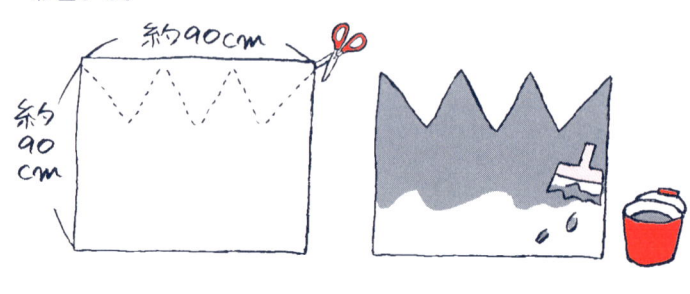

❷ 裏側に支柱をはりつける。支柱の代わりに段ボール箱をはりつけると、小物入れになる。

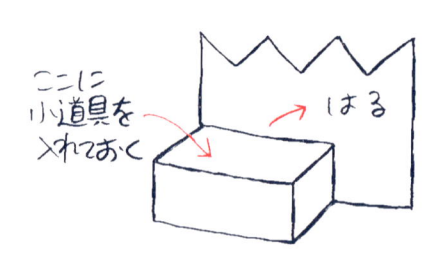

### ブック型バージョン　材料／段ボール板

段ボール板を２つ折りにして絵をかき、ブック型にはり合わせていく。

❶ 段ボール板に作りたい背景の絵をかく。裏表紙にも絵をかいておくと、どこから見てもきれいに見える。

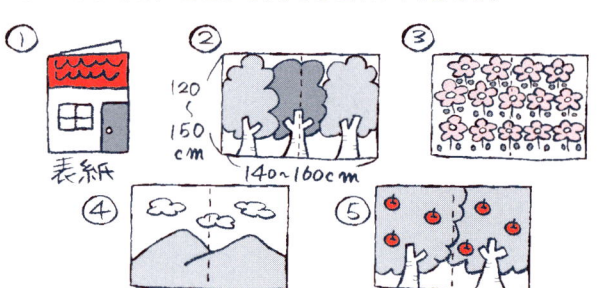

❷ ①〜⑤をブック型にはり合わせていく。まず①を裏返しに置き、その上に、なか表に折った②〜⑤を重ねばりする。

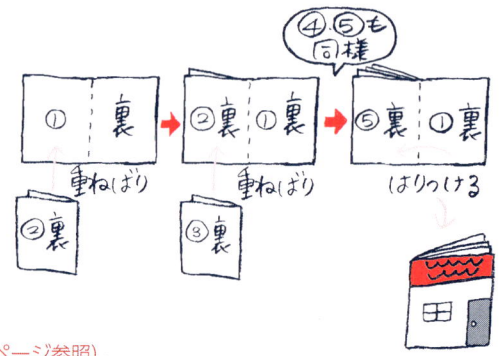

＊ページをめくるだけで、シーンに合わせた背景を見せることができるので便利！
「12の月のおくりもの」では、このブック型背景セットを使用しています（108〜109ページ参照）。

第3章　劇あそびの基本アイテム作り

● **ドアの作り方**　材料／段ボール板

段ボール板に切り込みを入れてドアを作り、裏側に支柱をつける。

● **家の作り方**　材料／段ボール板

段ボール板に絵をかき、2枚をジョイントして屏風のようにL字に立てる。

ジョイント部分はちょうつがいみたいに動くように、両側からクラフトテープでとめる。

＊家のセットは、舞台上で回転させて、家のなかを見せることもできます。

139

# 【イメージ広がる！衣装作り】

お面や衣装があるだけで、子どもたちの劇に対するイメージがぐっと広がっていきます。ここでは、基本的な衣装の作り方をご紹介します。

## ●お面・帽子の作り方

### はちまき型お面　材料／厚紙、画用紙、輪ゴム2本

❶画用紙に絵をかいて切り抜く。

❷厚紙と輪ゴムで帯を作る。厚紙を帯状に切り、両端を折り返して輪ゴムをクロスさせるように2本通し、端をホッチキスやセロハンテープでとめる。

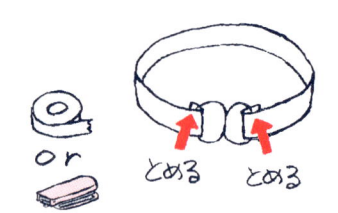

❸画用紙を帯状に切り、折って三角柱の支えを作り、②の中央にはりつける。①を支えにはりつけたら完成。

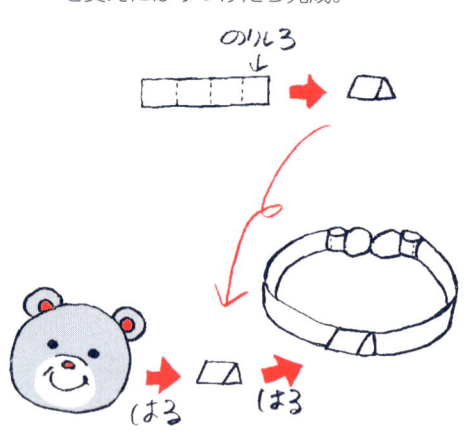

### 帽子　材料／布（伸縮性のあるもの）、フェルト、綿

❶布とフェルトを切ってパーツを作る。

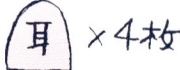

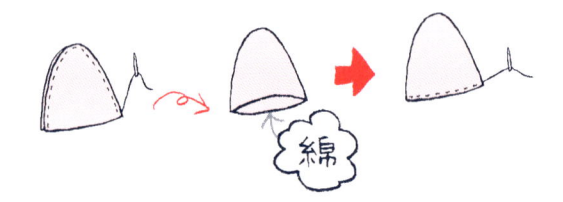

❷耳を縫い、綿を詰めて口が開かないように縫う。

❸本体の布で②の耳をはさんで縫い合わせ、裏返す。

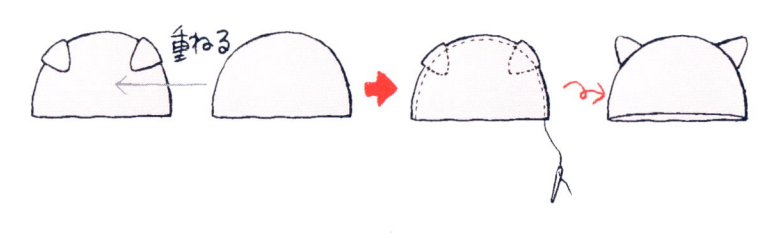

＊鳥の場合は、フェルトで作ったくちばしと動眼（プラスチック製の動く目玉）をつけます。

第3章 劇あそびの基本アイテム作り

## ● 衣装の作り方

### 基本のスモック　材料／不織布、綿ロープ100cm（ひもや首回りより少し長めの平ゴムでも可）

❶ 不織布を切り、袖穴を切り抜く。

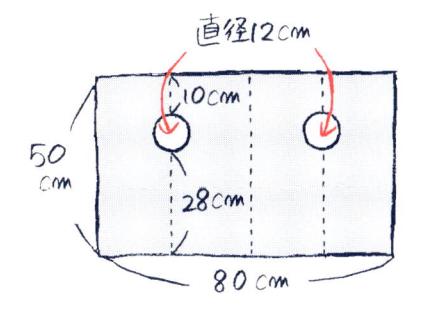

❷ 端を2cm折り返し、綿ロープ（ひも）を通して縫う。ミシンを使うと便利。

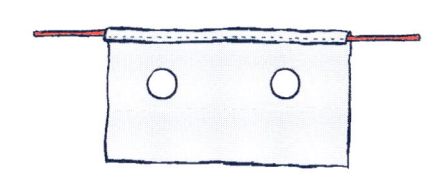

**ポイントは動きやすさ！**

ひもバージョン　　ゴムバージョン

綿ロープ（ひも）の場合は、結び目が前でも後ろでもOK。平ゴムの場合は、端を縫い合わせれば頭からかぶって着脱ができます。

＊低年齢になるほど、後ろをひもで結ぶタイプがよいでしょう。危険防止にもなります。

### ベスト　材料／布（不織布でも可）

❶ 布を切る。　　❷ 縫い合わせる。 　　❸ 裏返す。

### ズボン・スカート　材料／布（不織布や使い古しのシーツなどでも可）、平ゴム

❶ 布を切る。　　❷ 縫い合わせる。　　❸ ウエスト部分を3つ折りにし、平ゴムをはさみ込んで縫い、裏返す。

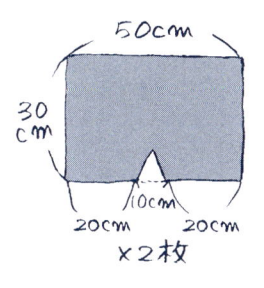

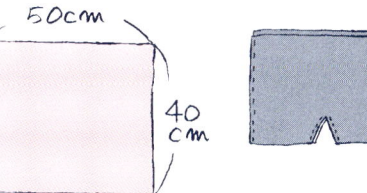

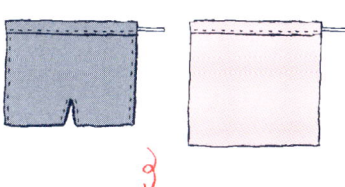

＊サイズは子どもの体に合わせて調節してください。すそは、気になるようならかがりましょう。

141

# 【劇あそびを盛り上げる！音楽作り】

音楽はお話のイメージを膨らませ、劇を盛り上げてくれる大切な要素。内容や雰囲気に合ったBGM・効果音作りを、子どもといっしょに楽しみましょう。

## ● BGM・効果音作りの基本

### 基本その❶──選ぶ・作る

▶ 市販のテープ・CDを聞き、場面に合うBGMや効果音を探します。あまりに有名な曲や歌詞がある歌は、劇のイメージを損なう恐れがあるので避けましょう。子ども向けのクラシックやピアノ練習曲がおすすめです。

▶ 身近にある空き瓶や缶をたたいたり、楽器を使って実際に音を出して聞き比べてみましょう。「これはなんの音だと思う？」「うさぎが跳ねているところは、どんな音がいい？」など、イメージを膨らませる言葉かけが大切です。

### 基本その❷──録音する

選んだBGM・効果音を録音して、オリジナルテープを作ります。ダビング機能搭載の録音機を使えば簡単です。身の回りの物や楽器で音を作る場合は、午睡時など園内が静かな時間帯に録音作業をしましょう。劇の進行に合わせた順番で録音しておけば、そのまま流すだけでよいので便利です。

### 基本その❸──その場で弾く

録音せずに、劇の進行に合わせて、その場で演奏する方法もあります。その場で弾くと臨場感があるし、子どもの自由な動きにぴったりと合わせることができます。全曲生演奏は大変ですが、みんなで歌う場面だけでも、生で伴奏すると盛り上がりますよ。

## ● もっと楽しくなる音楽作り

音楽作りそのものをひとつの活動として楽しんでみましょう。

### レコーディングごっこ

　保育室の出入り口に『ただ今録音中・関係者以外立ち入り禁止』のはり紙をします。ほかのクラスにも協力をお願いしておきましょう。午睡時など、ほかのクラスが静かな時間を選ぶことが大切です。録音に必要な機材や楽器などを準備し、生演奏を録音します。子どもたちの歌も、伴奏に合わせてあらかじめ録音しておきましょう。当日は歌入りのテープを伴奏に使えば、緊張して声が小さくなっても、テープで補うことができます。

　雑音が入らないように注意して録音するのは緊張するけれど、そのドキドキが本物のミュージシャンになった気分。完成したときの達成感はやみつきになるかも。

### シンガーソングライターごっこ

　「既存の曲だけでは物足りない！」という人は、作詞・作曲に挑戦してみましょう。歌詞はお話のなかから抜き出します。登場人物のせりふを入れたり、かけ声を入れるとよいでしょう。メロディーを作るときは、言葉のイントネーションに注目しましょう。例えば"海"なら"う"にアクセントがつくので「ラソ」「ミド」という感じ。歌詞を声に出してなん度も言ってみると、メロディーが浮かんでくるかも。凝った曲よりも、シンプルな方が覚えやすく歌いやすいものです。目指せ"世界に1つだけの曲"！

◆著者紹介

## わたなべ めぐみ

童話作家・元保育士。
文京学院大学、立正大学、千葉経済大学短期大学部非常勤講師。
童話創作と絵本研究をしながら、保育士として絵本を活用する保育活動を長年実践。現在は文京学院大学にて「子ども文学論」を担当。主な著作に『昔話で楽しむ劇あそび』『絵本であそぶ12か月／行事に生かす絵本ガイド』『月刊絵本Q&A101』（以上チャイルド本社）、『低年齢児の劇ごっこ集』『4・5歳児の劇あそび』『保育参観＆懇談会大成功BOOK』（ひかりのくに）、『ちょっとずつ変化の壁面構成』（草土文化）、童話作品に『よわむしおばけ』シリーズ（理論社）、『ヤマガタはかせの昆虫事件簿』シリーズ（草土文化）などがある。

| | |
|---|---|
| 装丁画 | tupera tupera（亀山達矢 中川敦子） |
| 本文イラスト | 秋野純子 市川彰子 福々ちえ もり谷ゆみ |
| 装丁・本文デザイン | 岩坂隆保 |
| 楽譜浄書 | 株式会社クラフトーン |
| 本文校正 | 有限会社くすのき舎 |
| 編集担当 | 石山哲郎 平山滋子 |

# 昔話で楽しむ劇あそび2

2011年9月　初版第1刷発行

| | |
|---|---|
| 著者 | わたなべめぐみ ©Megumi Watanabe 2011 |
| 発行人 | 浅香俊二 |
| 発行所 | 株式会社チャイルド本社 〒112-8512　東京都文京区小石川5-24-21 |
| 電話 | 03-3813-2141（営業）　03-3813-9445（編集） |
| 振替 | 00100-4-38410 |
| 印刷所 | 共同印刷株式会社 |
| 製本所 | 一色製本株式会社 |

チャイルド本社ホームページアドレス

## http://www.childbook.co.jp/

チャイルドブックや保育図書の情報が盛りだくさん。どうぞご利用ください。

乱丁・落丁はお取り替えいたします。

本書の内容の一部あるいは全部を無断で複写複製することは、法律で認められた場合を除き、著作権者及び出版社の権利の侵害となりますので、その場合は予め小社あて許諾を求めてください。

ISBN978-4-8054-0188-0 C2037
NDC376 25.7×21.0 144P
日本音楽著作権協会（出）許諾第1108479-101号